나는 한 팔을 잃은 비너스입니다

윤너스 김나윤 에세이

비너스입니다
나는 한 팔을 잃은

추천의 글

그녀가 마주한 일도, 그로 인해 잃은 것들도 나와는 달랐지만, 그녀의 마음과 생각 그리고 회복과 성장을 읽어 내려가며 책장 곳곳에서 나의 모습을 보았다. 그녀의 남다른 아름다움과 씩씩함에 힘입어 나의 지나온 시간과 지금을 다시금 되돌아보게 되었다. 이런 글을 써준 저자에게 고마운 마음을 전한다. 영상에서 보아왔던 그녀 특유의 당당함이 이 책의 간결하고도 힘 있는 문장들 속에 고스란히 배어 있다. 화려한 미사여구로 자신을 지나치게 꾸미지도, 상황을 복잡하게 꼬지도 않으며 그저 있는 그대로를 받아들이는 모습. 자신만의 방식으로 삶을 소화해 내는 삶의 태도가 이 책을 통해 온전히 전해진다. 그녀가 나누어주는 이 생생한 에너지가 지친 당신의 마음에 전에 없던 새로운 활력을 불어넣을 것이라 확신한다.

_ 이지선(이화여대 사회복지학과 교수, 『지선아 사랑해』 저자)

팔이 없는 밀로의 비너스상은 얼핏 불완전해 보이지만, 결핍 속 우리 삶의 진정한 아름다움을 이야기한다. 그리고 이 책의 저자 또한 보이지 않는 위대한 팔로 우리에게 더없는 위로와 용기를 건넨다. 그녀는 불의의 사고로 한 팔을 잃는 고통을 겪었지만, 그 시간을 외면하지 않고 삶의 재료로 삼았다. 병원에서 어머니와 함께한 시간을 통해서는 가족의 소중함을 깊이 새겼고 남은 한 팔로는 숨겨져 있던 가능성을 찾았다. 이 책에 그녀가 자신의 삶을 다시 사랑하게 된 과정이 솔직하고 담백하게 담겨있다.

_ 박위(유튜버, 『위라클 WERACLE』 저자)

이 책으로 내가 미처 알지 못했던 나윤 누나의 모습까지도 더 깊이 이해할 수 있게 되었다. 힘든 일이 찾아와도 스스로에 끊임없이 질문을 던지며, 다시 새로운 인생을 향해 나아가는 그녀의 모습은 현실에 지친 우리에게 큰 용기를 준다. 한순간에 달라진 몸과 이어지는 상실감 그리고 연이은 어려움 속에서도 그녀는 좌절하지 않았다. 오히려 새로운 도전을 통해 어둠이라 생각했던 삶을 기어코 빛으로 바꾸어 나갔다. 인생이 끝났다고 느끼는 그 순간, 어쩌면 우리의 진짜 인생은 이제 막 시작되는 것일지도 모른다. 이 책을 통해 그녀가 이렇게 말하는 것 같다. "결국 햇살이, 즐거운 일이 너를 기다리고 있을 거야." 지금 삶이 힘겨운 당신, 새로운 도전과 희망이 필요한 당신에게 이 책을 건네고 싶다.

_ 김한솔(유튜버, 『슬픔은 원샷, 매일이 맑음』 저자)

프롤로그

실은 꽤 괜찮은 두 번째 삶입니다

안녕하세요. 유튜브에서 5만 명의 사람들과 소박한 일상 이야기를 나누고 피트니스 선수로 활동하며 다양한 강연도 하고 있는 '윤너스' 김나윤입니다. 윤너스라는 별칭은 사고로 왼팔을 잃게 된 후 제 몸을 처음 마주했을 때 머릿속에 번뜩 떠오른 밀로의 비너스상 덕분에 짓게 된 저의 또 다른 이름이기도 합니다.

우연한 교통사고 후 제 삶의 방향은 180도 바뀌었습니다. 평범한 일상은 당연히 주어지는 것인 줄만 알았는데, 세상에 당연한 건 없더라고요. 그래서 이때다 싶어 하고 싶은 걸 마음껏 해보는 삶을 살아보고 있습니다. 미용을 직업으로 삼고 살던 12년을 뛰어넘어 새로운 도전들로 두 번째 삶을 채워나가고 있어요.

평범했던 제 삶에 뜻밖의 사고가 닥친 후 더 의미 있는 삶을 살고 싶다는 생각이 간절해졌어요. 그래서 본격적으로 〈윤너스〉 채널을 운영하며 다양한 영상들로 소통하고 있습니다. 신체의 일부를 잃어버리는 경험을 한 이들에게는 새로이 익혀야 할 여러 가지 삶의 방식을 알려주고, 몸이 아닌 마음에 상처를 입고 또 다른 상실의 아픔을 겪고 있는 이들에게는 한 팔로도 씩씩하게 살아가는 저의 모습을 보여주며 희망을 전하고 있습니다. 성숙하다면 성숙하고, 어리다면 어릴 삼십 대에 새로운 도전들을 하고 있어 아직은 매번 시행착오를 거치고 있지만요. 물론 꽤나 긍정적인 제 성격 탓에 '결국은 다 잘될 거야!'라는 마음으로 유쾌하게 구독자들과 소통하고 있습니다.

첫 피트니스 대회 준비 과정을 SBS 〈순간포착 세상에 이런일이〉(현 〈와!진짜? 세상에 이런일이〉)라는 프로그램에서 공개했던 탓에 저를 피트니스 선수로 기억하는 분들이 많을 것 같습니다. 크리에이터 다음으로 잘 알려진 저의 두 번째 직업입니다. 지금은 저처럼 신체의 불균형으로 일상생활에서 어려움을 겪는 분들에게 운동을 지도하는 트레이너로도 살아가고 있습니다.

그러다 보니 저의 조금은 특별한 이야기에 많은 분이 관심을 가져주셔서 여기저기 강의도 다니고, 방송으로도 더 많은 사람을 만나고 있죠. 그야말로 반전에 반전을 거듭하는 삶을 살아가느라 매일이 새롭고 재미있습니다.

저를 만나는 많은 사람이 그토록 고통스러웠을 사고를 겪고 어떻게 이토록 건강하고 긍정적인 기운을 뿜어내는지 궁금해할 때가 많습니다. 그럴 때마다 제가 하는 말이 있죠.
"믿을 것도, 돌아올 곳도 결국은 나밖에 없잖아요."

우리에게 어떤 일이 벌어지든 믿을 구석은 결국 나뿐이니까. 24시간, 365일 함께인 나에게 잘하고 그런 나를 끊임없이 믿어주며 그저 나아가는 수밖에요.

3년 전, 한 출판사에서 저의 이야기로 책을 만들어 보는 것이 어떤지 제안해 왔을 때부터 새로운 고민이 시작되었습니다. 당시에는 늦깎이 대학생으로 학업을 이어나가고 있었고, 정말 숨 돌릴 틈 없이 바빴기에 시간을 두고 생각해 보기로 마음을 먹었죠. 그리고 학사 과정을 졸업하는 시점이 되니 이제는 짧은 영상이 아닌 긴 글로 조금 더 솔직하고 내밀한 제 이야기를 전할 때가 되었다는 확신이 생겼습니다. 글을 쓰다 보니 하고 싶은 말이 길어져 몇 번의 수정에 수정을 거듭했습니다. 오랜 버킷리스트가 이루어지는 순간이라 작업하는 내내 설렙니다. 아마도 누군가 이 글을 읽게 되었다면 저의 세 번째 직업은 작가가 되어 있겠죠.

한순간에 경력이 단절되고, 한 팔마저 잃어버렸던 이십

대 후반의 이야기를 솔직하되 무례하지 않게, 담담하되 생생하게 전달해 내고 싶었는데 의도대로 잘되었는지는 모르겠습니다. 제 부족한 글이 치열한 삶 속에서 다양한 종류의 상실을 경험했거나 경험해 낼 많은 사람에게 반드시 힘이 되었으면 하는 마음으로 한 글자 한 글자 한 손으로 열심히 써 내려갔습니다. 비록 거칠고 투박할지라도 삶의 어느 순간마다 문득 떠올라 힘을 주는 글이 되길 바랍니다. 유일한 믿을 구석인 나와 함께 우리 모두 힘내봅시다!

차례

추천의 글 4
프롤로그 실은 꽤 괜찮은 두 번째 삶입니다 7

1장 너무 오래 울지 않기로 했다

"내 한 팔 좀 찾아줘!" 16
불행은 왜 내게 찾아온 걸까? 26
밀로의 비너스를 닮은 나 35
그래도 나한테는 내가 있잖아 45
물음표 살인마 56

2장 함께 살아남아 주었기에

스물일곱 살 딸의 기저귀를 갈아주며 64
나 환자야, 애들아 75
아직 처리해야 할 선불권이 남아 있어서 84
철없는 누나에게 남은 것 91

3장 기어코 해내고 마는 마음

병원복 차림으로 풀세팅한 여자 104
안녕, 나의 커리어 108

내가 세상에서 제일 불쌍한 환자라니 119
가발 대신 덤벨, 미용 대회 대신 피트니스 대회 4관왕 130
가지 못한 길은 미련으로 남는다더니 138

4장 평범이라 불리는 기적

마음 돌보는 것만큼은 F 146
의수 대신 용기를 장착했으니 155
어서 와라, 나의 두 번째 아홉 살, 열 살 그리고 스무 살 164
광배근은 없습니다만 172
공주병은 아니지만 멘탈은 좀 센 편입니다 182

5장 무너지지 않는 삶의 아름다움에 관하여

내 본업이 뭐였더라 190
여러분을 위한 유튜버 윤너스 195
성실한 일꾼으로 타고나다니! 204
가끔 자문자답도 합니다 213
살아 있음에 감사해 221

에필로그 우리는 생각보다 더 강하다고 228

1장

너무 오래 울지 않기로 했다

"내 한 팔 좀 찾아줘!"

2018년의 한여름. 뜨거운 태양 아래 아스팔트에서는 아지랑이가 피어오르고 있었고 나는 시원한 바람을 만끽하며 그 거리를 오토바이로 달리고 있었다. 평범한 어느 휴가 날이었다.

"쿵!"

눈 깜짝할 순간이었다. 흐릿한 기억 너머로 오토바이에서 미끄러지듯 떨어져 땅바닥을 구르던 내가 떠오른다. 온몸이 욱신거리며 아팠지만 가볍게 미끄러졌을

뿐이라고 생각한 나는 그만 툭툭 털고 일어나려 했다. 그런데 몸이 말을 듣지 않았다. 도저히 움직일 수가 없었다. 따가운 햇볕에 헬멧 속 얼굴은 뜨겁게 달아올랐고 작열하는 태양에 눈조차 제대로 뜰 수가 없었다. 그렇게 꼼짝도 못 한 채로 나는 한참이나 뜨거운 아스팔트 위에 누워 익어가는 중이었다.

앞을 볼 수 없으니 아무리 작은 소리라도 귀를 기울여야 했다. 누군가 여기에 쓰러져 있는 나를 발견해 주길 바라며 나 좀 일으켜 달라고, 몸이 말을 듣지 않는다고 마음으로 울부짖었다. 주위는 온통 조용했고 이따금 새소리, 바람 소리, 멀리서 자동차 소리만이 들려왔다. 계속해서 호흡이 가빠지며 끊임없는 불안감에 휩싸이던 그때, 누군가의 인기척을 느꼈다. 함께 오토바이를 타던 친구였다. 나는 마지막 힘까지 쥐어짜 목청껏 소리쳤다.

"나 좀 일으켜 줘!"

그런데 어떻게 된 일일까. 목소리 대신 귓가에 들려온 건 내 목에서 울리는 신음에 가까운 쇳소리뿐이었다.

다시 한번 젖 먹던 힘까지 써 소리쳤다. 나를 발견한 친구의 첫마디가 여전히 생생하다. 요즘도 종종 귓가에 울리곤 하는 그 목소리.

"나윤아! 너 팔이 없어!"

외마디 소리와 함께 곧 울부짖는 소리가 들려왔다. '응? 뭐? 뭐라고? 팔이 없다고?' 도무지 무슨 말인지 이해할 수가 없었다. '팔은 하나도 아프지 않은데?' 짧은 순간 오만 가지 생각이 나를 스쳤다. 나는 힘없이 오른팔을 들어 왼쪽 어깻죽지를 쓰다듬었다. 알 수 없는 차가운 액체만이 만져질 뿐 팔이 있어야 할 곳은 허전했다. 설마 하는 마음으로 왼손을 움직여 봐도 아무런 움직임도 느껴지지 않았다. 친구는 그런 내 앞에서 절규하고 있었지만, 나는 눈물조차 나지 않았다. 그저 모든 일이 비현실적으로 느껴졌다. 한 손으로 우리 엄마와 통화를 하던 친구는 다른 한 손으로는 내 왼쪽 어깻죽지를 틀어막고 필사의 지혈을 하고 있었다.

모든 상황이 이해되지 않았다. '한 팔이 잘린 나는 왜 이렇게 말짱한 걸까? 어떻게 의식이 있는 걸까? 왜 이런 일이 나한테 벌어진 걸까?' 그러나 언제까지고 넋을 놓고 있을 수는 없었다. 내 팔이 정말 잘려 날아갔다면 찾아야 했다. 잘린 팔은 다시 이어 붙이면 된다고 생각했다. 울고 있는 친구에게 외쳤다.

"내 팔 좀 찾아와 줘!"

친구는 눈물범벅이 된 얼굴로 덜덜 떨고 있었다. 여기서 내가 정신을 잃으면 두 번 다시는 정신을 차릴 수 없을 것만 같았다. 온 힘을 다해 정신 줄을 붙잡아야만 했다. 그 와중에도 나는 팔만 찾아 병원으로 가면 그것을 접합해 원래의 일상으로 돌아갈 수 있으리라 믿고 있었다. 뒤따라온 친구들이 머리를 잔뜩 옥죄었던 헬멧을 벗겨주었다. 숨통이 트였지만, 눈은 더욱 부셨다. 뜨거운 아스팔트를 조금이나마 식혀보려는 노력이었을까? 친구들은 내가 누운 자리에 계속해서 차가운 물을 뿌려주었다. 그러는 동안, 마치 억겁의 시간이 흐른 것만 같았다.

끔찍하게도 오랜 시간 의식이 붙어 있던 나는 감기

려는 눈꺼풀을 간신히 붙잡고 있었다. 그냥 눈을 감고 잠이 들고 싶었지만, 친구들은 정말 집요하게 말을 시켜 댔다. 얼마나 지났을까.

"나윤아, 팔 찾아왔어."

친구의 말을 들은 이때부터 막연했던 불안감은 현실적인 두려움이 되었다. 정말 팔이 잘려 나갔다고 생각하니 이 상황이 지독하리만큼 현실적으로 와닿았다. 곧 구조대가 도착했고, 살았다는 안도감 때문인지 기억은 여기서부터 흐릿하다.

"옷 좀 자를게요."

병원이었다. 내가 첫 번째로 이송된 곳은 한림대학교 부속 춘천성심병원이었는데, 일요일이어서 병원에는 팔을 접합할 수 있는 의사가 없었다. 다행히 친구 덕분에 지혈은 잘된 상태였으니 나는 다시 헬기를 통해 다른 병원으로 이송될 예정이었다. 그 와중에도 나는 그저 잘려 나간 팔의 안부가 궁금했다.

"제 팔은 어디에 있나요?"

소독 후 안전하게 보관 중이라는 말을 듣고 나서야 안심이 되었다. 그러고는 다시 암흑 속이었다.

헬기의 소음 때문이었을까? 간신히 눈을 뜬 나는 무언가가 배를 짓누르는 감각을 느꼈다.

"제 배 위에 있는 것 좀 치워주세요."

뜻밖에도 그건 내가 오매불망 궁금해하던 내 팔이었다. 살며시 그 무언가를 꼭 끌어안았다. 정신이 나갈 듯한 와중에도 놓치고 싶지 않은 소중한 내 일부였다. 어쩌면 그것이 내 앞에 펼쳐질 불행을 막으려는 자그마한 의식이었는지도 모르겠다. 배 위에 올려진 그건 내 희망이었다. 입이 바짝바짝 말라왔다. 몸은 이제 통제할 수 있는 범위를 넘어선 듯했다. 내 몸이 내 것이 아닌 것만 같았다. 다시 한참 동안 눈앞이 까맸다.

"나윤아 입!"

다시 눈이 번쩍 뜨였다. 시간이 얼마나 흐른 걸까. 나는 또 새로운 병원에 누워 있었다. 송파병원이었다. 귀에 익은 목소리의 주인공은 엄마였다. 눈을 감고 있어 볼 수는 없었지만, 엄마를 생각하니 눈물부터 왈칵 났다. 안도감 때문이었을까, 그렇게 다시 잠들었다.

나중에야 알았는데 그때 나는 엄청난 통증을 참아내느라 고성을 지르고 욕지거리를 뱉어대는 중이었다고 한다. 살기 위해 두려운 마음을 억누르려 절규하던 내 모습이 어땠을지…. 지금 다시 생각해 봐도 여전히 그때의 나는 짠하고 애틋하다.

그날 이후로 가을, 겨울, 봄 그리고 다시 몇 번의 여름이 지났지만, 이 사고의 아픔을 나만 지니고 있을 거라고는 생각하지 않는다. 괴로운 사고의 순간을 온전히 함께해 준 이들에게도 분명 커다란 상흔이 남았을 것이다. 그래서 더더욱 이렇게까지 또렷하게 사고 당시를 그려본 적도 없다. 그러나 당시의 나를 지켜준 이들의 놀라운 결단력과 용기에 감사하고 싶은 마음도 시간의 흐름에 비례해 커졌다.

그동안 마음 깊은 곳에 꾹꾹 눌러 담아온 이야기들

은 나를 전하고 싶은 이야기가 많은 사람으로 만들었다. 사고를 목격하고 경황이 없는 나와 친구들 대신 구조 요청 전화를 해준 어느 운전자, 도로에 널브러진 나를 발견하고 차량 통제를 도와준 또 다른 운전자, 그 외에도 멀리서 혹은 가까이서 몸으로 마음으로 나를 도왔을 많은 이에게 그저 감사한 마음을 전하고 싶다. 혹여나 그때 나의 모습이 그들에게 트라우마로 남지는 않았기를. 대신 도움이 필요한 누군가를 도왔다는 뿌듯함만 오래 남았기를 바란다.

함께해 준 친구들에게도 늘 고마운 마음이다. 친구들에게 고마운 마음을 표현할 때마다 혹시 사고의 기억을 괜히 끄집어내는 건 아닐까 싶어 미안하기도 하지만 아마 이 고마움은 평생을 표현해도 모자랄 거다.

물론 나의 놀라운 정신력에도 감사하다. 내가 한 팔이 잘려 나갔다는 말을 듣고도 정신을 붙잡고 있을 수 있는 사람이었다니!

누군가는 믿을 수 없다고 말하겠지만 나는 내 삶에

진심으로 감사하다. 내 삶은 그야말로 감사한 것투성이다. 사고 당시에 만약 목이나 얼굴을 다쳤다면 나는 이 세상에 없었을 테니까. 그나마 왼팔이라 그게 참 감사할 따름이다. 이 사고로 삶과 죽음이 언제나 멀지 않은 데 존재한다는 사실을 깨달았고 살아 숨 쉴 수 있다는 게 얼마나 소중한지도 뼈가 저리도록 알게 되었으니 그 또한 감사한 일이다. 내 곁에 이토록 소중한 인연이 많았다는 것도 이렇게나 빨리 깨닫게 되어 감사하다.

그래서 내 곁의 소중한 사람들, 언제나 든든한 믿을 구석인 나 그리고 매일 감사한 일뿐인 내 삶을 위해 나의 이야기를 기록으로 남겨보려 한다. 때론 한 치 앞도 보이지 않던 터널 같았던, 때론 온몸으로 행복해 울던 꽃길 같았던 나의 인생을 가벼운 마음으로 이곳에 풀어내 보려 한다.

누군가는 믿을 수 없다고 말하겠지만

나는 내 삶에 진심으로 감사하다.

내 삶은 그야말로 감사한 것투성이다.

불행은 왜 내게 찾아온 걸까?

사고 후 3일이 흘렀다. 잘려 나간 왼쪽 팔에는 미라처럼 붕대가 칭칭 감겨 있었고 목에는 깁스가 채워져 있었다. 내가 누워 있는 동안에 많은 친구와 친척들이 찾아왔고 나는 그들과 대화까지 나눴다고 한다. 그런데 어쩐 일인지 전혀 기억나지 않았다. 일종의 섬망 증상 때문이라고 하는데, 내가 마치 나 자신이 아닌 것 같은 기분에 휩싸여 한동안 두려웠다.

몸의 상처도 왼쪽 팔에만 남지는 않았다. 경추부터 흉추까지 무려 열아홉 군데에 골절이 있었고 쇄골 골절 때문에 나는 침대에서 꼼짝도 하지 못하는 신세가 되었다. 말 그대로 미라가 된 것이다. 그런 상황에서도 나는 되뇌었다.

"팔을 붙여서 정말 다행이다, 다행이다."

이제 접합 부위가 잘 붙기만 하면 재활치료를 하고 이곳에서 나갈 수 있을 거라고 생각했다.

물론 수술이 무사히 끝났다고 해서 아플 일이 없는 건 아니었다. 지옥 같은 드레싱과 얇디얇은 주삿바늘이 밤낮없이 나를 괴롭혔다. 지옥이 있다면 바로 이곳인가 싶었다. 병원에서의 모든 시간이 지옥처럼 느껴졌지만, 그중에서도 가장 괴로웠던 건 내가 할 수 있는 일이 누워있는 것뿐이라는 사실 그 자체였다. 8인실에서 지냈지만, 주변 환자들의 얼굴조차 한번 제대로 보지 못했다. 누워만 있으니 보이는 거라고는 언제나 하얀 천장뿐이었다. 유일하게 그 방을 벗어날 수 있는 시간은 드레싱을 하러 갈 때뿐이었다. 간호사 서너 명이 나를 들어 간이침대에 옮기고 드레싱을 하기 위해 지하 수술실로 내려갔다. 그때만이 8인실이 아닌 다른 공간의 공기를 마실 수 있는 유일한 기회였다. 바깥공기를 조금이나마 머금고 있는 엘리베이터의 공기가 때마다 설렜다.

그러나 여전히 첫 드레싱의 기억은 저릿하다. 설렘도 잠시뿐. 세상에! 팔이 잘려 나갔을 때보다 곱절은 더 아팠다. 목부터 허리까지 골절상을 입은 나는 스스로 돌아눕지 못했고, 의사 선생님들과 수술방 선생님들이 나를 돌려서 옆으로 누일 때마다 조그마한 충격들도 한없이 크게만 느껴졌다. 그래서 이 시절의 나는 굉장한 겁쟁이였다. 약간의 충격에도 눈물이 콸콸 쏟아졌고 붙인 팔은 내 팔이면서도 너무나 무겁고 딱딱해 늘 두려웠다. 불행히도 내 팔처럼 느껴지지 않는 팔의 통증만큼은 온전히 느껴졌다. 모든 과정이 너무나 공포스러웠다. 소독약을 바르고 붕대를 칭칭 감아 드레싱을 마치면 기진맥진한 채 병실로 돌아가는 엘리베이터를 탔다. 병실을 나설 때 느꼈던 설렘이 마치 꿈같았다.

그뿐이랴. 감염의 위험 때문에 나는 3일마다 주삿바

늘을 바꿔줘야 했다. 내 팔은 계속 쑤셔졌다. 이 얇디얇은 바늘이 뭐라고…. 전에는 눈 뜨고도 피를 뽑던 나인데, 절망스러웠다. 이미 오른팔엔 멍이 가득했다. 팔뚝에 안되니 손등에, 손등에 안되니 쇄골에, 나중에는 발등에도 바늘이 꽂혔다. 어차피 걸어 다니지 못해서 혈관이 터질 일도 없으니 살 하나 없는 발등에다 주삿바늘을 꽂았다. 오른손에서 혈관을 찾아 연결했을 때는 혈관이 계속 터지기도 했다. 한쪽 손밖에 쓸 수 없는 신세가 되었으니 더 그랬다. 수액을 맞는 게 너무나도 힘겨웠다. 피를 많이 흘린 데다가 수혈도 많이 해서 몸 상태는 점점 안 좋아졌다. 보험도 되지 않는 고영양제를 사서 추가로 넣었다. 노란빛을 띠던 그 영양제는 묽지 않아서 혈관을 타고 들어갈 때마다 나를 아프게 했다. 하루는 채혈을 위해 팔뚝에서 혈관을 찾던 간호사 선생님들이 끝내 혈관을 찾지 못해 신생아들에게 하듯 이마에서 피를 뽑을지 사타구니 동맥혈관에서 피를 뽑을지 논의하고 있었다. 그 이야기를 듣자 그들이 마치 나를 잡아먹으러 온 하이에나처럼 느껴졌다. 내게 끝나지 않는

지옥이 시작된 것이다.

　사고 이후 씻지 못하는 나날도 계속되었다. 설상가상으로 한여름의 폭염이 찾아왔다. 땀과 피, 돌멩이들이 섞인 머리카락이 굳어져서 내 두피를 마구 찔러댔다. 아팠지만 마음대로 고개를 들 수도 없는 상황에 최대한 이리저리 목을 돌려보는 것으로 급한 불을 끄곤 했지만, 그마저도 목뼈 부분의 통증이 어마어마해서 곧 포기해야 했다. 병실 에어컨이 춥다며 엄마는 카디건을 입고 다녔는데, 마치 딴 세상처럼 나는 등과 엉덩이, 머리에서 계속 땀을 흘려댔다. 시간이 지나자 연약해진 내 엉덩이에 욕창이 생기기 시작했다. 심한 정도는 아니었으나 내 몸뚱이가 마치 고깃덩어리 같다는 생각이 절로 들었다.

　그나마 젖은 수건으로 엄마가 얼굴을 닦아줄 때만 시원함을 느낄 수 있었다. 누운 상태에서는 무언가를 씹어 먹기가 영 불편해 끼니도 미음으로 해결했다. 이때는 배고프다는 느낌도 별로 들지 않았다.

이전에 나는 8시간 이상 자면 허리가 아파서 깨던 사람이었다. 동에 번쩍 서에 번쩍 돌아다니기도 좋아했는데…. 이렇게 된 김에 그동안 못 쉬었던 몸이라도 쉬게 해줘야겠다는 마음으로 멘탈을 잡으려 노력했다. 그렇게 억겁 같은 시간이 반복됐다.

새벽부터 잠에서 깨 이런저런 생각이 이어지는 날들이 많아졌다. 접합한 팔에 피가 돌아야 한다는 말을 들은 후부터는 의식적으로 내 팔을 만지작거리며 시간을 보냈다. 이렇게라도 주무르면 혈액순환이 더 잘될까 싶어 붕대에 감긴 팔과 손을 가까스로 헤쳐내 주물렀다. 그럴 때마다 어딘가는 따뜻하게, 어딘가는 마른나무처럼 딱딱하게 느껴지던 나의 왼손. 그저 사고 전 받았던 네일아트를 만지작거릴 뿐이었다. 내가 팔을 들어 손을 확인할 수는 없으니, 엄마에게 내 손 상태를 물으면 엄마는 늘 똑같은 답을 들려줬다.

"예뻐."

그 시기쯤 초파리가 나를 괴롭히기 시작했다. 왼쪽 팔에 감아둔 붕대 근처에서 초파리 녀석이 윙윙대며 알짱거렸다. 불안했던 나의 마음은 병원의 위생 상태로 꽂혔다.

"병원 위생 상태가 안 좋은 거 아니야? 병원에서 이상한 냄새도 나. 팔 붙인 지가 언젠데, 나 팔 언제쯤 움직일 수 있어? 왜 감각은 아직도 안 돌아와."

나는 엄마에게 온갖 불평불만을 쏟아냈다. 계속 병원을 바꾸자고 졸라댔다. 그리하여 나는 혜화동에 있는 병원으로 옮겨졌다. 입원 전 진료에서 의사 선생님이 물었다.

"손 움직여 보세요. 여기 감각 있나요?"

아무것도 느껴지지 않았다.

"이미 괴사된 것 같은데…."

뒤로 희미한 말소리가 들려왔다. 내 발밑에 서 있던 엄마가 시야에서 사라졌다. 사고 이후 처음으로 엄마가 무너져 내렸다. 한 번도 내 앞에서 힘든 내색을 하지 않던 엄마가 그때 처음 흐느껴 울었다.

어쩌면 나는 병원을 바꾸기 전부터 알고 있었는지도 모른다. 초파리가 내 팔 주위를 알짱거렸을 때부터. 안 좋은 냄새는 병원에서 나던 게 아니다. 내 팔이 썩고 있던 거다. 나는 그저 모른 척하고 싶었다. 그렇게라도 내 팔을 살리고 싶었다.

그렇게 처음 수술을 받았던 첫 병원으로 돌아온 나는 환자 김나윤에서 다시 큰딸 김나윤으로 돌아왔다. 두 번 다시 엄마를 무너지게 하고 싶지 않았다.

물론 시련은 계속됐다. 파열골절되었던 흉추뼈는 쉽게 붙지 않아 결국 핀을 삽입하는 수술을 해야만 했다. 그런데 수술 세 시간 전, 나는 갑자기 고열에 시달리기 시작했다. 몇 가지를 확인한 의사 선생님이 어두운 얼굴로 패혈증을 진단했다. 지금 당장 수술하지 않으면 내가 죽을 수도 있다고 했다. 위험하다고 했다. 그 말은 왼팔을 절단해야 살 수 있다는 뜻이었다. '분명 왼팔에서도 따뜻하게 피가 도는 곳이 있었는데, 정말 살릴 수 없는 건가요? 조금만 더 팔을 이곳에 붙여놓으면 안 될까요?' 간절한 마음이었지만 오래 고민할 시간이 없었다. 당장 수술대에 올라야 했다. 마음이 바뀌기 전에 어서 나를 마취해 달라고 부탁했다. 그렇게 나는 진짜 절단 장애인이 되었다.

밀로의 비너스를 닮은 나

생일이 멀지 않은 어느 날이었다. 8월 말이 생일인 나는 병상에서 생일을 맞을 생각에 벌써부터 울적한 기운을 잔뜩 내뿜고 있었다. 예전 같았으면 친구들과 술도 한잔하고 동료들과 고객들에게 넘치는 축하를 받으며 한껏 들떠 있었을 텐데. 이젠 뭐 혼자서는 병상에서 일어설 수도 없는 신세라니. 이 지옥 같은 곳을 걸어서 나갈 수나 있을까? 겨우 바깥 공기나 마셔보면 그게 이벤트겠다는 생각에 더욱 서글퍼졌다.

그날따라 긴 머리카락에 박힌 돌들이 두피를 무척이

나 찔러대고 있었다. 7월에 사고가 나 그 더위에 아스팔트에 한참을 누워 있었으니 '내 머릿속에 뭐가 들어 있을지도 모른다, 벌레가 알을 까진 않았을까?' 하는 생각까지 들었다. 땀과 피, 돌멩이들이 굳어져 두피가 배겨도 꼼짝없이 누워만 있는 신세. 목까지 깁스로 고정해 두 달 넘게 머리를 움직이지도 못한 채로 더위와 찌르는 듯한 고통을 참으며, 참을 인을 무한히 새길 수밖에 없는 시기였다.

그즈음의 나는 간호사 선생님들에게 머리라도 감고 싶다며 매번 조르듯 이야기하고는 했었다. 친구들이 병문안을 왔을 때, 어떻게 머리를 감을지 철두철미한 시나리오까지 짜서 그럴싸한 계획을 세워두기도 했었다. 친구들이 나를 미라처럼 꽁꽁 싸매서 고정해 놓고는 간이침대로 옮겨 샤워실에 들어간 다음 침대째로 머리를 감겨주면 되는, 내 딴에는 아주 완벽한 계획이었다. 친구들과 실행에 옮겨보려고도 했지만, 아직 나의 몸은 그럴 준비가 안 된 상태였다. 몸을 들어 옮길 때마다 조그마한 충격에도 심한 통증과 위험이 따랐다. 지레 겁먹은 친구들이 머리는 나중에 뼈가 더 붙으면 감겨주겠다고 물러서면서 꽤 비장했던 나의 머리 감기 프로젝트는 결국 성사되지 못했다.

그때 진짜 생일 선물 같은 이벤트가 나를 찾아왔다. 간호사 선생님들이 합심해 나의 머리를 감겨주겠다는 거였다. 그야말로 감격스러운 일이었다. 살면서 이런 이벤트는 죽을 때까지 잊지 못하겠다고 생각했다. 간호사 선생님들의 비장한 계획은 이러했다. 나를 옮기지 않고 침대에 눕힌 상태에서 김장 봉투 같은 비닐을 침대 위에 깐 뒤, 침대 밑에 대야를 두어 물을 흘려보내며 머리를 감기는 거였다. 수간호사님의 계획대로 우린 곧장 작전에 돌입했다. 수술 부위에 물이 들어가지 않게 여러 번 막음을 해놓고 시작했다. 그 광경은 정말이지 대단했다고 한다. 병원에서 오래 일해온 수간호사님도 이렇게 환자 머리를 감겨준 건 정말 처음 있는 일이라 하시며 껄껄 웃으셨다.

드디어, 따뜻한 물이 내 두피를 타고 흘렀다. 와! 온

몸의 털이 다 서는 기분이었다. 얼마 만에 느껴보는 물의 감촉이던가! 그마저도 자세 때문에 뒤통수에는 물이 거의 닿지 않았지만, 아무렴 어떤가. 너무 좋았다. 바로 샴푸가 얹어지면서 거품이 몽글몽글 일었다. 서투른 손놀림이 두피에 닿을 때마다 신이 나 춤이라도 추고 싶었다.

전직 헤어디자이너였던 나는 많은 인턴을 가르치며 수없이 많은 샴푸 테스트를 받아봤지만 그날의 서투른 손길이 내 인생 최고의 샴푸였다. 두 달여 만에 두피에서 느껴진 물의 온도, 그리고 향긋한 샴푸 향까지. 최고의 이벤트가 틀림없었다. 미용실에서 일하던 시절에는 어떤 샴푸가 세정력이 좋은지, 거품의 질이 좋은지 깐깐하게 따지던 나였는데 그날 병원 근처 편의점에서 샀을 이름 모를 샴푸의 향이 그렇게나 좋았다.

그렇게 잊지 못할 이벤트를 받은 후, 한 달쯤 지나 나는 드디어 혼자 일어서는 데 성공했다. 한 달 전만 해도 누군가 머리를 감겨주는 일마저도 버거웠는데, 드디어 두 발로 땅을 밟고 설 수 있게 된 것이다. 그야말로 장족의 발전이었다. 내가 가장 먼저 달려간 곳은 바로 화장실이었다. 지긋지긋한 기저귀로부터 탈출하고 싶었던 나는 내 발로 땅을 딛자마자 화장실로 향했다.

물론 시련은 계속되었다. 변기 앞에서 바지를 벗고 내리는 순간 '망했다!' 싶었다. 긴 병상 생활로 다리 근력이 다 빠져버린 거다. 빼빼로같이 얇아진 내 다리에는 변기에 앉을 힘조차 없었다. 누군가 도와줘야만 간신히 변기에 앉을 수 있었다. 한순간 기저귀 탈출을 꿈꿨던 나는 쓰디쓴 실패를 맛봐야만 했지만, 머지않아 내 힘으로 변기에 앉으리라고 다짐하며 연습을 계속했다.

하루는 드레싱 후, 수액을 잠시 빼두어 샤워를 할 수 있게 되었다. 드디어 나에게도 혼자 샤워할 수 있는 날이 온 것이다. 머리 감은 지도 한 달은 되어 간지러운 타이밍이었고 몸은 뭐…. 이미 포기한 지 오래였기에 뛸 듯이 기뻤다. 머리 감기에 이어 두 발로 서기, 샤워하기까지 차례로 도장 깨기라도 하는 듯한 마음이었다.

두근거리는 가슴을 안고 샤워실에 들어섰다. 단추를 하나하나 풀 때마다 떨리는 심장박동이 고스란히 느껴졌다. 이날은 거울로 내 몸을 처음 보게 되는 날이기도 했다. 사실 그간 화장실을 왔다 갔다 하며 스치듯 거울 속 내 몰골을 볼 일이 있긴 했다. 하지만 그럴 적마다 거울을 일부러 외면하고는 했었다. 그래도 샤워할 때만큼은 내가 내 몸을 정면으로 마주해야 하지 않을까? 눈을 크게 떴다.

처음으로 어깨를 훑어 내 몸과 얼굴 전체를 마주 보았다. 그 첫 느낌이 어땠냐고 묻는다면, 한마디로 낯설었다. 두 팔이 있어야 할 자리에 한 팔만 덩그러니 남아 있는 나의 몸을 보니 어색하기 짝이 없었다. 좀비 영화에서나 보았던 몸. 마치 CG 같았다.

곧 샤워기에서 물줄기가 흘러나왔다. 처음 간호사 선생님들이 샴푸를 해줄 때와는 느낌이 사뭇 달랐다. 아무것도 보이지 않는 상태에서 머리를 감은 날은 마냥 행복했는데, 오늘의 물줄기는 뭔가 처참했다. 물이 내 몸을 타고 흐르다 감각이 없는 수술 부위에 닿으니 내 몸이 내 몸 같지 않았다. 등과 어깨 쪽에서는 마취된 듯 둔한 감각이 느껴졌다. 샤워기를 잡은 오른손을 내려다보자 '이제 어떻게 씻지?'라는 생각밖에는 나지 않았다. 그나마 뿌옇게 김이 서린 거울로는 내 몸이 다 보이지 않아 다행이었다. 엄마가 다리를 닦아주고 있을 때 기어코 눈물이 그렁그렁 맺혔지만, 샤워기 물인 것처럼 덤덤히 닦아낼 뿐이었다.

미용실에 근무하던 시절, 나는 손님들에게 이런 이야기를 많이 듣곤 했다.

"오랜만에 머리카락이 짧아지니까 영 거울을 보는 게 어색해요. 나 같지가 않아서 거울 앞을 지나갈 때마다 낯설어요."

한 팔이 없는 지금 그 말들에 누구보다 깊이 공감하면서도 크게 절망했다. 머리를 말리고 침대에 누워서 다시 링거를 꽂았다. 오랜만의 상쾌한 샤워 때문이었을까. 심란한 마음과는 달리 환자복이 포근했다.

'그러고 보니 내 몸, 밀로의 비너스상이랑 비슷하네!'

'그러고 보니 내 몸, 밀로의 비너스상이랑 비슷하네!'

눈을 감자 문득 밀로의 비너스상이 떠올랐다.

뿌옇게 김이 서린 거울에 살짝 비치던

내 몸 위로 하얀 조각상이 겹쳐졌다.

눈을 감자 문득 밀로의 비너스상이 떠올랐다. 뿌옇게 김이 서린 거울에 살짝 비치던 내 몸 위로 하얀 조각상이 겹쳐졌다.

진짜 내 모습을 외면하는 게 지금의 행복을 깨뜨리지 않는 가장 간편한 방법일 수 있다는 걸 안다. 내가 병실 침대에 누워 머리를 감았듯이 내 모습을 확인하지 못한 채로 그저 행복한 순간을 맞이하는 것도 기쁜 일이다. 그러나 두 발로 땅을 디딜 수 있게 되어 내가 혼자 힘으로는 변기에 앉을 수 없다는 현실을 받아들이는 과정도, 벗은 몸을 두 눈으로 마주해 조금은 처참한 기분을 느끼는 과정도 분명히 필요한 일이었으리라. 언제까지고 병상에 누워 누군가 내 머리를 감겨주길 바라거나 기저귀를 찬 채로 용무를 해결할 수는 없는 법이니까.

그리고 내가 만약 지레 겁먹어 샤워하기를 망설였다면, 두 눈으로 내 몸을 직시하지 못하고 외면했다면 내 몸이 밀로의 비너스상을 닮았다는 생각도 영영 하지 못했을 거다. 슬픔과 두려움에 갇히지 않으려 애썼던 마음이 빛나는 나의 두 번째 정체성을 비로소 찾아내 준 뜻 깊은 날이었다.

그래도 나한테는 내가 있잖아

송파병원에 머물 때의 일이다. 이제 곧잘 설 수 있던 나는 본격적으로 걷기 연습에 돌입했다. 모두 궁금해했겠지만 화장실 변기에는 이제 혼자서도 충분히 앉을 수 있게 되었다. 실내에서는 병원 계단을 이용해 나만의 치열한 운동을 시작했고, 머지않아 링거를 빼고 거리에서 걸어보아도 된다는 의사 선생님의 허락도 받았다. 다만 뼈가 온전히 붙지 않았기 때문에 보호대 착용은 필수였다. 무리해서 넘어지기라도 하면 큰일이라는 신신당부도 들어야 했다. 선생님은 또 잘못되면 두 번째 수술은 없다며 엄포를 놓기도 하셨다.

드디어 병원이 아닌 곳에 나가 걷기 연습을 하는 날. 나는 허리 보호대를 차고, 친구들은 혹시 걷다가 내가 지치면 앉혀줄 휠체어까지 끌고 와주며 만반의 준비 태세를 갖추었다. 무려 세 달 만에 아스팔트를 밟는 나는 환호성을 질렀다. 바뀐 계절의 공기를 들이마시는 일이 너무나 달콤했다. 그런데 몇 발짝이나 걸었을까. 무서워지기 시작했다. 여전히 조심조심 아장아장 걷고는 있었지만, 내 걸음이 오른쪽으로 쏠려 있다는 사실을 알아챘기 때문이다. 오른팔의 무게만 실려서인지 자꾸 오른쪽으로 중심이 쏠리는 바람에 일자로 걷기 위해 집중해야 했다. 사람과 차가 내 옆을 지나가는 모든 일상적 순간이 내게는 꽤 위협적으로 느껴졌다. 병원 복도에서는 손잡이라도 잡고 걸을 수 있었는데, 허허벌판인 바깥세상은 안전하지 않다고 여겨지니 긴장이 됐다.

두려움을 안은 채로 그렇게 한 발 한 발 걷다 보니 어느새 병원 옆 핫플레이스였다. 알고 보니 병원 옆이 바로 카페와 맛집이 즐비한 '송리단길'이었던 거다. 병원에 갇혀 지내는 동안 그런 생각 따위는 해보지도 않아 몰랐었다. 물론 알게 되었다고 해서 달라지는 것도 없었다. 그곳은 나에게 핫플레이스가 아닌 그저 재활 공간이었다. 치료받던 병원 옆 골목이 핫플레이스였던 것보다 충격적이었던 건, 횡단보도를 건널 때 내가 초록불에 다 건널 수 없을 정도로 느림보라는 사실이었다. 사고 전에는 신호등의 초록불이 깜빡거리는 데도 단숨에 뛰어 건널 정도로 걸음이 빨랐던 나인데…. 이제 정말 예전과는 달라졌다는 게 실감 나는 순간이었다.

두려움이 어느 정도 멎고 둘러본 송리단길. 예쁘게 꾸미고 나와 요즘 핫하다는 카페에서 친구들과 재잘재잘 수다 떨며 커피 마시고 사진 찍는 사람들, 다정하게 팔짱 낀 채 거리를 걷는 커플들이 보였다. 그때 나는 고작 스물일곱 살이었다. '내가 저 친구들처럼 예쁜 민소매 티를 다시 입을 수 있을까? 저 친구들처럼 남들 시선을 의식하지 않으면서 남자친구와 길거리 데이트를 할 수 있을까? 예전처럼 남의 머리는커녕 내 머리나 잘 만질 수 있을까?' 생각이 꼬리에 꼬리를 물고 이어졌고, 결국 길거리에 주저앉아 대성통곡하고 말았다. 걷기 연습이고 뭐고 모든 게 무의미하게 느껴졌다. 그간 악을 쓰며 아무렇지 않은 척해 왔지만 한 팔이 없어져서 직업도 잃고, 이전의 일상도 누리지 못하는 현실을 좀처럼 받아들이기 힘들었다. 거리를 걸으며 보았던 미용실 안의 디자이너들이 자꾸만 떠올랐다. 고객들과 웃으며 대화하고 그들의 머리를 매만지던 모습이 계속 생각나면서 예전의 내 모습을 자꾸 들춰냈다.

나는 어렸을 때부터 머리숱이 많은 곱슬머리였다. 그래서 초등학교 입학 전부터 엄마는 미용실에 나를 데리고 다니며 곱슬머리를 펴는 '매직 스트레이트'라는 걸 해주었다. 중학교 입학을 앞둔 어느 날도 마찬가지였다. 당시에는 기술이 보편화되어 있지 않아서 다섯 시간씩 미용실에 앉아 있었던 기억이 난다. 그때 뭐가 잘못되었는지 내 머리가 다 탔다. 중학교 입학 기준 머리 길이는 귀밑 3cm였는데 머리가 탔으니 더 짧게 자를 수밖에 없었다. 내 머리는 우스꽝스럽게 방방 뜬 모양이 되어버렸다. 폭탄 머리가 된 것이었다. 사춘기 소녀였던 나는 너무나 심란했다. 그러면서도 한편으로는 망한 머리에 관심이 갔다. '어떻게 탔는데 머리가 더 뜨지? 왜 더 꼬불거리지?' 난생처음으로 머리카락에 관심을 가지게 된 거다.

그렇게 미용과가 있는 고등학교에 진학한 나는 입학한 지 얼마 되지 않아 자퇴했다. 미용이라는 분야는 이론도 물론 중요하지만, 실무가 훨씬 더 중요하다는 판단이 섰기 때문이었다. 그렇게 학교를 자퇴하고 미용실에 입사했을 때의 나이가 열일곱 살이었다. 지금 생각해 보면 어린 나이에 참 과감한 선택이었다. 물론 호기롭게 입사한 미용실 안에서 내가 할 수 있는 일은 전혀 없었지만 말이다. 그래서 다시 말단부터 시작했다.

미용실은 크게 엔지니어 파트와 매니지먼트 파트로 나뉜다. 엔지니어 파트는 미용실에서 커트, 염색, 샴푸 등을 해주는 실무자고, 매니지먼트 파트는 안내 데스크에서 예약 관리 및 경영 관리를 해주는 실무자다. 나는 당연히 엔지니어 파트의 디자이너를 꿈꿨지만 바로 디자이너 일을 할 수는 없었다. 인턴이라는 과정을 통과해야만 디자이너로 승급할 수 있었다. 처음 미용실에 입사했을 때를 생각해 보면 알아야 할 것들이 뭐 그렇게나 많았는지…. 아직도 아찔하다. 또 공부해야 할 것들도 너무 많았다. 제품에 들어간 화학약품들과 고객들 응대 매뉴얼까지 모두 달달 외워야 했다.

그렇게 한 달쯤 지났을 때, 나에게도 첫 순간이 왔다. 드디어 고객에게 첫 샴푸를 해주는 기념비적인 날이 온 것이다. 초보였던 나는 모든 과정이 조심스러웠다. 고객의 어깨에 수건을 두르고 샴푸대에 눕힌 후, 물 온도를 맞췄다. 그야말로 신생아 다루듯 조심스러운 손길로 두피를 적시고 있었는데… 갑자기 뜨거운 물이 확 나오는 게 아닌가! 순간 누워 있던 고객이 나에게 빽 하고 소리쳤다.

"닭 털 뽑냐!"

얼마나 놀라고 죄송스러웠는지 모른다. 미용실에서

는 아무래도 쓰는 물의 양이 많다 보니 온수기에 에러가 발생해 종종 갑자기 뜨거운 물이나 차가운 물이 쏟아져 나올 때가 있다. 그 상황을 민첩하게 다룰 노련함이 부족했던 나는 고객에게 그만 뜨거운 맛(?)을 선사하고 말았다.

시간이 지나 머리 감기기에 익숙해졌어도 어려움은 있었다. 일명 '샴푸 독'이라고 불리는 미용인들의 고질병이 찾아온 것이다. 샴푸 독이란 샴푸나 화학약품들에 맨손이 자주 노출돼 살갗이 건조해지는 상태를 가리킨다. 겨울철에 주먹을 쥐면 손가락 마디마디에서 피가 터져 나오기도 했다. 손등을 타고 팔뚝에도 울긋불긋한 반점들이 올라오기 시작했다. 퇴근할 때가 되면 내 손은 늘 온갖 색을 퍼 담은 팔레트가 되었다. 어딘가는 빨간색이나 검은색으로 염색되어 있기도 했다. 맨손으로 샴푸를 많이 하다 보니 염색약이나 코팅약이 손에 착색되어 버린 것이다. 상황이 그렇다 보니 그 시절 나는 습관적으로 대중교통 손잡이를 잡지 않았다. 때가 낀 듯한 내 손이 창피했다. 처음 미용이라는 직업을 선택할 때는 화려하고 예쁜 모습만 보였는데, 실제 내 손은 때가 낀 듯 지저분했고, 할머니 손처럼 거칠고 쭈글쭈글했다. 늘 열두 시간씩 서 있느라 다리는 퉁퉁 부었다. 피곤함이 가득한 나의 얼굴은 점점 초췌해졌다. 그래도 내게는 꿈이 있었다. 열일곱 살에 미용실에 입사하며 스무 살에는 반드시 디자이너 승급을 하자고 다짐했었다. 그 목표 하나만을 향해 달리며 고군분투했다. 그렇게 스물한 살이 코앞으로 다가온 스무 살의 어느 겨울날, 나는 드디어 꿈을 이루었다.

디자이너만 되면 '고생 끝! 행복 시작!'일 줄 알았는데 모든 건 나의 착각이었다. 고객들은 초급 디자이너에게 머리를 맡기지 않았다. 다행히 인턴 때부터의 나를 알아온 의리 있는 고객들 몇몇이 머리를 맡겼지만, 정말이지 몇 번뿐이었다. 미용실에서 디자이너는 매출을 내야 하고 많은 고객을 보유해야 하는데 나는 그렇지 못했기에 늘 눈치가 보였다. 그래서 다른 디자이너들이 바쁘면 인턴처럼 찾아가서는 그들을 도와주기도 했다. 그러다 잠시 앉아서 쉴 때면 문득 '왜 나는 디자이너로 승급까지 했는데 여전히 인턴 일을 하고 있지?' 하는 생각이 들었다. 마치 포장지만 디자이너가 된 것 같아 괴로웠다. 이대로 상황을 두고 볼 수만은 없다는 생각에 출근길 길거리에서 명함도 돌려보고, 갖은 아이디어를 떠올려 보며 어떻게 해야 내가 이 어려움을 잘 헤쳐나갈 수 있을지 고민도 많이 했다. 물론 이 고민은 시간이 흐르며 자연스럽게 해결되었지만 말이다. 나에게도 곧 나를 찾아주는 고객들이 생겼다.

그런데 인생에는 늘 깨야 할 단계들이 있는 것만 같다. 이때는 고객들과의 소통 문제로 어려움이 닥쳤다. 특히 장년층 고객들이 힘들었다. 나와 나이가 비슷한 고객들과는 잘 소통해 왔고, 요구하는 스타일을 구현하는 것도 쉬웠지만 유독 어머님들 머리를 해 드릴 때 어려움을 겪었다.

하루는 나이가 꽤 있으신 여성 고객이 커트로 예약을 해왔다. 그가 원하는 스타일은 짧은 단발머리에 뒤통수와 정수리 부분 볼륨이 띄워진 모습이었다. 평소에도 엄마의 머리를 실험 삼아 연습해 왔기 때문에 자신감은 가득했다. 그런데 웬걸. 커트를 다 끝내고 보니 고객이 원한 볼륨이 전혀 살지 않는 게 아닌가. 내가 봐도 고객의 니즈를 전혀 충족시키지 못한 머리가 나와버린 것이다. 이런 현실을 받아들이기가 힘들었다. 누구보다도 연습을 많이 했는데 왜 안 되는 걸까. 자질 부족인가? 나는 아무래도 이 직업과 맞지 않는 걸까? 다시 고민은 시작되었다. 이때가 디자이너 2년 차 때였다. 따지고 보면 그때의 나도 길거리에서 대성통곡해 버린 그날 못지않게 큰 좌절의 순간을 맛보고 있었다.

그러자 10년 차 때의 내 모습도 떠올랐다. 1만 시간의 법칙이라는 게 정말 있는 걸까? 믿기지 않지만 10년 차 때는 좌절의 순간보다 성공의 순간이 훨씬 많았다. 많은 고객이 나를 믿고 머리를 맡겨주었고, 소속되어 있던 헤어 브랜드에서 고객 수와 매출이 높은 직원으로 뽑혀 포상 휴가와 선물을 받기도 했었다. 훗날 미용실 경영에도 관심이 있던 나는 관리자 교육 과정을 이수하며 리더로서 해야 할 공부도 차근차근 해나가고 있었다.

하필이면 그때 팔이 절단되는 사고가 일어난 것이다. 그럼에도 병원에서 나의 미용실 시절을 추억하다 보면 우울감이 흘러가고 자신감이 차올랐다. 아예 근거 없는 자신감은 아니었다. 미용을 처음 시작할 때처럼, 그렇게 맨땅에 헤딩하듯 아무것도 없는 초라했던 시절에도 미용사 김나윤으로서 행복할 수 있었던 이유는 바로 나 덕분이었다. 마치 미용 업계에 갓 뛰어들었던 내가 그랬듯, 10년 동안 땀 흘려 결실을 이뤄냈던 내가 그랬듯 무엇이든 하고자 하면 할 수 있다는 믿음이 내 안에 존재하고 있었다. 한 팔이 없는 상태로 길거리를 걸으며 예전의 내가 아니란 것을 눈으로 확인한 날도 있었지만 내 인생은 언제나 전진이었다. '나는 결국 잘될 거다!'라는 믿음으로 그저 살아가다 보면 성공이라는 달콤한 열매가 눈앞에 닿는 날도 오기 마련이다. 처음은 누구에게나 어렵고 혹독하다. 그럴 때마다 가장 필요한 건 '괜찮아, 너무 걱정 마! 결국에는 다 잘될 거야!'라며 다독여 줄, 그저 나 자신뿐인 거 아닐까?

물음표 살인마

사고로 병상에 눕고 한 달쯤 지났을 시기. 내 세상은 여전히 천장뿐인 나날들이었다. 시야에는 사람들의 목젖과 턱선만이 걸렸다. 누군가 발밑에서 말하면 목을 들어 올려 눈을 마주치고 싶었지만, 깁스 때문에 그러지 못해 눈동자만 연신 상하좌우로 굴려댔다.

하루 종일 누워 있는 게 무슨 곤욕이냐고 생각할 수도 있지만, 웬만한 벌 서기보다 끔찍했다. 하루 종일 새하얀 천장만 바라보고 있으니 '말로만 듣던 정신병원에 갇힌다면 이런 기분일까?' 싶은 생각이 절로 들었다. 그래서 그때의 나는 유난히도 자주 눈을 감고 생각에 빠지곤 했다. 불행히도 눈을 감으면 떠오르는 건 사고 당시 장면들과 느낌들뿐이었지만. 매번 바이킹을 탈 때처럼 오금이 저릿한 느낌이 드는 순간 눈이 확 떠지면서 정신이 차려졌다. 그러고는 또다시 새하얀 천장이었다. 이 지루한 시간을 어떻게 보내야 할지 막막했다.

머릿속에는 끊임없는 물음표가 일었다. 생각해 보면 나는 미용실 일을 할 때부터 그랬다. 호기심도, 궁금증도 참 많은 사람이었다. 인턴 시절에는 모든 게 다 새로웠다. 일단 머리를 말 때 사용하는 롤인 롯드의 가짓수가 너무나 많았다. 일반 롯드, 디지털 롯드, 세팅 롯드…. 또 롯드는 호수대로 사이즈가 달라서 수학 공식 외우듯 달달 외웠어야만 했다. 그때는 디자이너나 인턴 선배에게 질문을 많이 했었다. 염색약 준비는 어떻게 해요? 일반 펌 준비는 어떻게 해요? 짧은 머리 고객은 롯드 호수를 몇으로 준비해야 할까요? 나는 연신 질문들을 쏟아냈었다. 선배들에게는 이미 익숙한 것들이었겠지만, 나는 들어도 들어도 까먹는 초보였기 때문에 아마도 같은 질문만 수십 번은 했으리라. 내가 그 쏟아지는 질문들을 받아내야 하는 선배였다면 아마도 내가 물음표 살인마처럼 느껴졌을 거다. 맞다. 나는 이때 물음표 살인마였다. 병원 침대에 누워만 있던 한 달 동안에도 마찬가지였다. 질문을 쏟아내는 대상이 타인에서 나로 바뀌었다는 것만 달랐다. 나는 나에게 끊임없이 질문을 해댔다.

'나한테 왜 이런 비극이 벌어졌을까? 나는 왜 그날 휴가를 썼지? 일요일 바쁜 날인데 일이나 하지. 춘천은 뭐 하러 놀러 갔지? 왜 그날 오토바이를 탔을까? 누가 타고 가자고 했지? 내가 그날 KTX를 탔더라면 다치지 않았을까? 아니면 대중교통을 이용했더라도 기어코 다칠 팔자였나? 나는 태어날 때부터 장애인이 될 운명이었을까? 재미로 봤던 사주에서 다칠 팔자 같은 건 나온 적이 없는데. 그날 썼던 헬멧이 컸던 게 문제였을까? 왼손으로 자꾸 헬멧을 만져서 그랬을까?'

사고에서 탓할 사람을 찾고, 그날의 내 행동들을 곱씹느라 나는 물음표의 늪에 빠져 있었다. 그렇게 물음표가 발동되기 시작하면 한참을, 아니 몇 날 며칠을 계속

되뇌며 나에게 묻고 또 물었다.

그러던 어느 날 누군가 병문안을 와서는 이런 이야기를 해주었다.

"나윤아, 너의 사고는 누구의 잘못도 아니야."

별거 아닌 이 말이 오래도록 마음속에 콕 박혔다. 몇 년 묵은 체증이 내려가듯, 그 이야기를 듣는데 몽롱했던 눈에 힘이 확 들어갔다. '그래, 이건 그냥 사고일 뿐인데…' 나를 탓하는 게 아무 의미도 없다는 사실을 그제야 깨달았다. 답이 없는 수많은 질문으로 밤잠 설치던 나날들이 스쳐 지나갔다.

어떤 커다란 불행이 나를 관통해 지나갈 때, 우리는 필연적으로 나를 탓하거나 남을 탓한다. 물론 그런 우리를 비난할 생각은 없다. 어쩌면 너무나 당연한 수순이고 나 또한 그랬으니까. 그러나 앞으로 나아가기 위해선 과거에서 답을 찾으려 굴지 말아야 한다는 사실을 지금은 안다. 지금 주어진 삶에서 답을 찾는 것이 가장 빠르고 현명한 방법이다. 답 없이 나를 괴롭히는 시간을 멈추고, 지금의 내 모습을 있는 그대로 바라봐 주는 것. 그때도 지금도 그게 내가 해야 하는 유일한 일이다.

"나윤아, 너의 사고는 누구의 잘못도 아니야."

별거 아닌 이 말이 오래도록 마음속에 콕 박혔다.

2장

함께 살아남아 주었기에

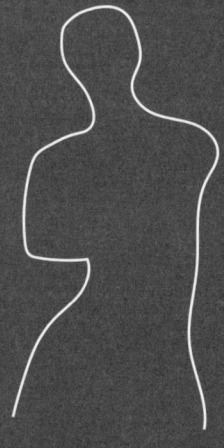

스물일곱 살 딸의 기저귀를 갈아주며

사고 후 한 달쯤 지났을 무렵이었다. 아침에는 모두 분주히 움직이는 소리가 들렸지만 내가 있는 8인실 병실 사람들은 누구인지, 어떻게 생겼는지, 어떤 표정으로 말하는지, 여전히 나는 짐작만 할 뿐이었다. 침대에 누워 있는데 누군가 몸을 돌려주어 등에 바람이라도 통할 땐 살 것 같았다. 전신마비 상태는 아니었지만, 목과 등을 전혀 움직일 수 없는 상태였으니까. 다리를 움직이려 하면 등이 아파 혹시나 또 골절 부위가 잘못된 건 아닐까 하고 절로 몸을 사리게 되었다.

드디어 아침 식사 시간이 왔다. 엄마가 침대 아래에 있는 레버를 돌려 침대 등받이 부분을 15도 정도 세워주었다. 이만하면 다행이었다. 처음으로 30도 이상에 도전해 본 날이 있었는데 토할 것같이 속이 안 좋아 포기했었다. 온종일을 누워서 보냈기 때문에 뇌와 심장 위치가 수평을 이루다가 머리의 위치가 갑자기 높아지니 기립성 빈혈 증상으로 어지러움이 나타났던 거였다. 다행히 오늘은 조금이라도 소화하기가 편한 자세로 국에 밥을 말아 먹을 수 있었다. 엄마가 턱받이를 한 내 입에 숟가락을 넣어주었다. 둔해진 턱 근육 때문에 음식을 씹는 데도 꽤 오랜 시간이 걸렸다. 그런데 갑자기 음식 냄새를 맡아서인지 신기하게도 배에서 신호가 오기 시작했다.

"엄마… 나 화장실….”

참으로 굴욕적이었지만, 내가 할 수 있는 일은 아무것도 없었다. 이 시기에는 아침마다 신기할 정도로 배식 시간만 되면 배변 신호가 왔다. 병원 침대에서 거사를 치를 수밖에 없어 내 침대를 둘러싼 커튼을 세 면으로 단단히 쳤다. 식사 중인 다른 환자들에게 얼마나 미안했는지 모른다. 그런 생각도 잠시, 식사량이 얼마 되지 않고 약을 많이 먹어서인지 배변은 영 수월하지 않았다. 많이 누었다고 생각하고 엄마를 부를 때마다 엄마는 이렇게 말했다.

"강아지 똥만큼 나왔네?"

나는 매번 내 변이 더럽지는 않은지, 미안하고 부끄러운 마음에 묻곤 했다. 엄마는 신생아들 기저귀 가는 것처럼 정말 아무 냄새도 안 난다는 신기한 이야기를 해주었다. 나 듣기 좋으라고 한 말이겠지만 엄마의 평온해 보이는 얼굴에 마음이 어느 정도 놓였던 것도 사실이다. 일을 다 보고 나서는 엉덩이를 들어야만 엄마가 물티슈로 닦아줄 수 있었다. 일명 '브리지 자세'를 해야만 했는데, 나는 다리에 힘이 들어가지 않았고 조금이라도 몸을 움직이려 하면 통증이 몰려왔다.

"엉덩이 조금만 들어봐. 다리에 힘 조금만 더 줘봐."

엄마는 낑낑대며 내 허벅지를 한 손으로 들어 올리고 뒤처리를 해주었다. 이런 날들이 반복되다 보니 익숙해질 만도 했지만, 여전히 때마다 나에게는 괴리감이 찾아왔다.

'스물일곱 살이나 먹어서 엄마한테 뒤처리를 맡기는 꼴이라니.'

하루는 기저귀를 찬 엉덩이가 너무 간지러워 엄마를 불렀다.

"엄마, 꼬리뼈 쪽 느낌이 뭔가 이상해."

엄마는 얼른 커튼을 치고 내 기저귀를 열어보았다. 물티슈에 자주 쓸린 연약한 살갗들이 까져서 공기가 들어가 쓰라렸던 거다. 욕창이었다. 다행히 심한 욕창은 아니었지만, 엄마는 당신이 힘을 너무 세게 주고 닦아서 살갗이 까진 거라면서 너무나 미안해하며 눈시울을 붉혔다. 나는 그간 엄마에게 다 큰 성인인 내 신체의 중요 부위를 노출한다는 게 계속 속상했는데, 정작 엄마는 내가 스물일곱 살이든 한 살이든 똑같이 대하는 느낌이었다. '내가 기억하지 못하는 까마득한 어린 시절에도 엄마는 이렇게 나를 키웠겠구나' 하는 생각이 순간 스쳤다. 그 후로도 여러 번 나는 마치 타임머신을 탄 듯 어린 시절을 회상하곤 했다.

사실 사고 이전에는 엄마와 이토록 사소한 대화를 나눠본 기억이 거의 없다. 어렸을 때는 아버지 사업이 잘되었기 때문에 초등학교 때까지 부족함 없이 풍족하게 자랐던 것이 사실이다. 시간이 흘러 IMF가 찾아오면서 가세는 점점 기울었다. 집안일만 하던 엄마는 직장에 나가며 돈을 벌어야 했고 그런 모습을 보고 자란 나는 부모님에게 절대 손을 벌리면 안 된다는 다짐 비슷한 것을 했던 듯하다. 그래서 남들보다 일을 일찍 시작하기도 했다. 그 이후로 점점 엄마와 대화하는 시간이 줄었고, 퇴근 후엔 쓰러져 잠만 잤다. 서로가 힘든 걸 알았기에 일부러 얼굴 보며 대화하는 시간을 만들지 않았던 것 같다. 어린 마음에 친구들과 놀고도 싶고, 일도 해야 하니 점점 집에 있는 시간이 줄어들었다. 그러다 보니 자연스레 대화할 시간은 더 사라져 갔다. 그래서 이렇게 병실에서 엄마와 보내는 시간이 전과 비교할 수

왜 내 딸을 다치게 했냐며

하나님에게 바락바락 따질 만도 한데,

엄마는 내 앞에서 늘 수백 년은 더 산 나무처럼 굳건했다.

동요하지 않았다. 그저 감사하다고만 했다.

없을 정도로 늘어나니 처음에는 무척이나 낯설었다. 무슨 말을 어떻게 해야 할지 어색할 때가 많았던 것도 사실이다. 그러나 기저귀를 갈아주고, 밥을 먹여주고, 씻지 못하는 나의 얼굴과 다리를 물수건으로 닦아주며 엄마는 나를 다시 키우는 기분이 들었다고 했다.

하루는 교회 사람들이 찾아와 나와 엄마를 위한 기도를 해주고는 떠났다. 나에게도 오랜만의 기도라 어색했다. 엄마는 독실한 크리스천이다. 늘 주변에 좋은 사람이 많았고, 나와 엄마를 위해 기도해 주는 사람도 많았다. 엄마는 병실에서 엄마와 하나님 이야기, 어릴 적 엄마의 엄마와 마음이 멀어졌던 이야기를 조금 수다스럽게 풀어내고는 했다. 내가 초등학교에 다니던 시절, 우리 가족은 매주 교회에 갔다. 일을 시작하며 그러기가 점점 힘들어졌지만, 어린 시절의 영향으로 나는 교회에 가지 않아도 하나님이 늘 존재한다는 사실을 믿는다. 엄마는 내가 이 정도만 다친 게 정말이지 천만다행이라고 했다. 잃어버린 왼팔에 초점 맞추기보다는 하나님이 나를 죽을 위기에서 구해주신 것 그 자체에 감사한다고 했다. 종종 둘만 남은 병실에서 이런 이야기를 들려주는 엄마에게 나는 이렇게 말해주기로 했다.

"나는 그냥 원래의 나처럼 잘살 것 같아!"

순간 엄마의 눈에 눈물이 핑 도는 것이 느껴졌다. 아마도 안도의 눈물을 삼키고 있는 거겠지. 왜 내 딸을 다치게 했냐며 하나님에게 바락바락 따질 만도 한데, 엄마는 내 앞에서 늘 수백 년은 더 산 나무처럼 굳건했다. 동요하지 않았다. 그저 감사하다고만 했다. 그런 엄마가 새삼 강인하게 느껴졌다. 그렇게 엄마와 나는 대화가 없던 나의 십 대 후반, 이십 대 초반까지 거슬러 올라갔다. 나는 가만히 누워 엄마 쪽으로 눈동자를 굴리며 말했다.

"엄마, 난 사회생활을 일찍 시작해야만 했어."

내 머릿속에서 영원히 잊히지 않을 것 같은 장면이 말소리가 되어 흘러나왔다. 어린 시절 부족함 없이 살았던 터라 엄마에게 용돈을 이야기하기 전 내 지갑에는 항상 돈이 채워져 있었다. 그런데 갑자기 집안이 어려워지며 경기도로 이사를 갔던 중학생 때의 일이다. 아무렇지 않게 엄마에게 교통카드를 충전하기 위한 용돈을 달라고 한 적이 있다. 순간 엄마의 얼굴이 일그러지더니 버럭 화를 내는 거였다.

"너는 그걸 왜 이제 말해!"

돈이 필요하면 미리 말해줘야 줄 수 있다면서 화를 내고는, 그길로 쌩하니 나를 지나쳐 나가던 엄마의 화난 뒷모습이 여전히 선명하다. 돈을 못 받은 것보다는 교통카드 충전을 위한 5000원도 미리 이야기해야 받을 수 있을 정도로 우리 집 형편이 어려워졌다는 현실을 받아들이기가 힘들었다.

그때부터 내게는 내가 쓸 돈은 내가 알아서 벌어야 한다는 인식이 뿌리 깊게 자리 잡았다. 사실 엄마는 그런 적이 있었는지도 모르는 눈치였다. 당시 엄마도 하루하루를 살아내느라 발버둥을 치고 있던 시기라 그랬을 거다. 하나씩, 둘씩 그간 응어리진 마음의 이야기를 풀어놓고 나니 병실에 누워 있는 이 시간이 마치 엄마와의 관계 회복을 위해 하늘이 보태준 시간 같다는 생각도 들었다.

어느덧 시간은 흘러 나는 혼자 걸을 수 있게 되었고, 병원을 빨빨거리며 돌아다닐 수도 있게 되었다. 병원 생활에 익숙해지다 보니 함께 지낸 환자들과도 친해졌다. 병실에는 참 많은 인연이 있었는데, 그중에는 가족 없이 간병인과만 함께인 이들도 있었다. 문득 내게 가족이 있다는 것이 얼마나 감사한 일인가 생각하게 되었다. 이렇게 하루아침에 한 팔을 절단하고 힘든 시기를 보내는 지금 가족마저 없었더라면 내가 지금처럼 장애를 받아들일 수 있었을까?

몸도 마음도 지치는 이 시기에, 이 힘든 감정들을 건강하게 받아들이고 표출하지 못했을 수도 있었겠다는 생각이 드니 정말 아찔했다. 슬픔이 맘껏 표출될 시기를 놓치지 않고 가족이라는 울타리 안에서 양껏 울 수 있었던 나의 현실이 새삼 감사했다.

처음 겪는 일들이 힘에 부칠 때마다 공기처럼 나를 감싸주었던 가족. 되짚어 보면 나의 모든 시작에는 늘 가족이 함께였다. 여전히 나를 아들 같은 딸이라 부르는 우리 엄마. 무뚝뚝한 딸이지만 이 기회를 틈타 글로라도 솔직한 속내를 남겨두고 싶다.

 엄마가 있어 내 삶에는 언제나 별이 가득해. 그 어떤 순간에도 따스하기만 했던 예쁜 우리 엄마. 고맙고 사랑합니다.

나 환자야, 애들아

오늘도 나는 뜨거운 태양 빛에 달궈진 아스팔트 위에 누워 있다. 친구가 나를 바라보며 이렇게 절규한다.
"나윤아, 너 팔이 없어!"

같은 장면이 끝도 없이 반복되는 이 꿈을 난 병원에 누워 계속 꿨다. 내가 그 장면을 끊임없이 되뇌는 것인지, 여전히 사고의 트라우마에서 빠져나오지 못한 것인지, 나는 여전히 그 시간 속에 갇혀 있었다. 그러나 끔찍한 꿈에 놀라 깰 때마다 현실의 친구들은 병원 침대 아래 간이침대에 여기저기 누운 채 열심히 수다를 떨고 있곤 했다.

    그때 한 친구가 사고 이야기를 조심스럽게 꺼냈다. 사고 이후 119에 처음 전화했을 때, 절단환자라고 울부짖었더니 과다 출혈로 사망할 거라 예상했다고 한다. 그런 말을 듣고 얼마나 겁이 났을까. 그런 처참한 환경 속에서도 나를 안전히 병원까지 이송해 준 친구들에게는 평생을 다해 고마워해도 모자랄 게 분명하다. 의식을 잃지 않았던 나는 그 긴박했던 상황들이 모두 생생하다. 뜨거운 아스팔트 위에 널브러져 있을 때 물을 구해와 다리와 몸에 마구 뿌려주었고, 엄마에게는 침착하게 상황을 설명했고, 그날 그 도로에서 다친 사람 중 가장 상태가 심각했던 나를 제일 먼저 구급차에 태워 병원까지 늦지 않게 보내주었다. 사고 규모가 경미한 차주들에게 울부짖으며 양해를 구하고, 구조를 기다리며 피가 솟구치는 어깻죽지를 계속해서 지혈하느라 잔뜩 지쳐 보이던 표정. 아프다며 그만 놓아달라고 부르짖던 내게 참을 수 있다고, 다 괜찮아질 거라고 말해주던 목소리. 내가 정신을 잃지 않도록 끈질기게 질문을 거듭해 준 너희들.

입장 바꿔 내가 그들이었다면 펄펄 끓던 아스팔트 위의 팔을 찾으러 일어설 수나 있었을까? 손이 떨리고 다리가 후들거리는데, 혹시나 팔을 찾았더라도 흉측하게 너덜거리는 그 팔을 들고 달려올 수나 있었을까? 생각할수록 그들이 너무나 대단하게 느껴지는 것이다.

"너 팔 처음에 찾았을 때, 내가 알고 있던 네 가는 팔이 아니라 완전 마동석 팔이었어."

지금도 이런 농담으로 무거워진 분위기를 풀어주는 사람들이 내 곁에 있다.

그런 친구들은 계속된 간병 생활로 많이 지쳐 있던 엄마를 위해 자진해 요일별로 그룹을 만들어 매일 내게 와주었다. 가족이라도 힘든 병간호인데도 불구하고 퇴근 후 매일 출근 도장을 찍어준 친구들에게 고마움을 넘어 감사할 지경이었다.

하루는 걷기 운동도 할 겸 그들과 병원 밖 카페로 나섰다. 친구들과 수다를 떠느라 시간 가는 줄도 모르고 광대가 아프도록 웃어댔다. 웃을 때 꼭 옆 사람을 때리는 버릇이 있는 친구가 무의식중에 내 잘린 위쪽 어깨를 깔깔대며 쳤다.

"너 미쳤냐? 나 환자야! 어딜 치는 거야!"

그저 웃픈 상황에 우리는 더 크게 웃음을 터뜨렸다. 내 잘린 팔도 별거 아닌 일이 되는 사람들. 이런 친구들이 있으니 힘들고 우울한 상황 속에서도 장애인이 아닌 인간 김나윤을 지켜낼 수 있었다.

친구와 카페에 놀러 갔을 때의 일이다. 조각 케이크 하나와 아메리카노 두 잔을 주문한 우리는 앉아서 커피가 나오기만을 기다리며 수다를 떨고 있었다. 마침 진동벨이 울렸고 우리는 그대로 몸을 일으켜 픽업대로 향했다. 그런데 케이크가 올려진 트레이를 든 친구가 아무렇지 않게 이렇게 말하는 것 아닌가.

"내가 케이크 가져갈 테니까 커피 두 잔만 좀 들어줘!"

나는 순간 벙찌고 말았다. 직원분이 음료를 트레이

에 주시지 않았기 때문이었다. '이걸 어쩌지?' 멈춰서 생각하고 있는데 갑자기 이 상황에 웃음이 나오기 시작했다. 친구에게 내가 케이크를 들겠다고 말하면서도 웃음이 계속 새어 나왔다. 그제야 상황을 알아차린 친구는 아차 싶었는지 얼굴까지 벌게지며 아무 말도 하지 못하고 멈춰 섰다. 그런 친구의 얼굴이 웃겨서 나는 또 한참을 웃었다.

내 겉모습이야 어떻든 여전히 친구 김나윤으로 나를 대해줄 수 있는 이들이 있다는 건 정말 큰 힘이다. 인생에 진정한 친구 한 명만 둬도 성공한 인생이라는데, 내가 이렇게나 친구가 많은 사람이었다니. 이 친구들 덕분에라도 이번 삶은 성공적인 것 아닐까.

물론 장애를 처음 겪는 건 나도, 친구들도 마찬가지였다. 사고 후 얼마 지나지 않았던 날이다. 간신히 병원 침상 각도를 세워 앉아 있을 만할 때, 햄버거가 너무 먹고 싶어 퇴근 후 병문안을 오고 있는 친구들에게 햄버거 좀 사 와달라고 부탁한 적이 있다. 그 말을 들은 친구들이 바리바리 포장해 온 햄버거는 무려 핫한 수제 버거집에서 공수한 것이었다. 내가 병원 생활 중에 뭔가를 먹고 싶다고 말한 첫 번째 음식이어서 더 그랬을 거다. 앉아서 음식을 먹을 수 있게 되었으니 더 기쁜 마음으로 친구들이 사 온 햄버거를 한 입, 두 입 먹기 시작했다. 그런데 이게 무슨 일일까. 갑자기 배가 아파오기 시작했다. 이제 앉아서 햄버거 하나도 제대로 못 먹는 건가 싶어 잔뜩 서러워진 나는 그 자리에서 그만 엉엉 울음을 쏟고 말았다. 분위기는 순식간에 얼어붙었다. 그저 내가 햄버거를 먹으면서 행복해할 모습만을 상상하며 신나게 달려왔을 친구들인데, 몇 입 먹지도 못하고 눈물 바람이라니. 난감해하던 친구들도 하나둘씩 햄버거를 손에서 내려놓았다. 당시 척추 수술 후 허리 보호대를 착용하고 있던 나의 위장이 잔뜩 쪼그라들어 있는 상태였기에 음식을 받아들이기 힘들었던 모양이다. 환자도, 보호자도 처음이었던 우리는 그렇게 또 난감한 순간순간을 지나고 있었다.

지금 생각해 보면 우리는 모두 서툴렀지만, 서로를

생각하는 마음만큼은 여느 프로들 못지않았다. 한 팔을 잃은지 얼마 되지 않아 길거리를 거닐 때 사람들이 나에게 두는 눈길이 조금이라도 길어지면 나보다 친구들이 더 예민하게 굴며 눈을 부라렸다. 지금 생각해 보면 그럴 것도 없었는데. 자기네들이 무슨 질풍노도의 중학생들도 아니면서 말이다.

또 내가 한 손뿐이라 머리를 묶지 못하고 우울해하며 힘들어할 때마다 친구들은 서툰 솜씨로 머리를 직접 묶어주고는 했다. 하루는 퇴근 후 내 병실로 삼삼오오 모여든 친구 중 한 명이 잔뜩 흥분해 운을 띄웠다.

"오늘 무슨 일이 있었냐면!"

친구는 지하철을 타고 출근하는 길에 자신의 앞에 서 있던 여자가 아무렇지 않게 혼자 머리 묶는 모습을 보면서 갑자기 화가 났다고 했다. 순간 친구가 나에게 보내주는 엄청난 공감의 온도가 느껴져 마음이 따뜻해졌다. 한 팔을 잃고 병상에 누워 있는 나를 향한 안타까운 마음이 저 친구를 저렇게나 화나게 만들었구나 싶어 그저 고맙고 든든했다.

아파서 병실 침대에만 누워 있다 보면 자꾸 이 세상에 혼자 남겨진 것 같다는 생각이 든다. 무인도에 혼자 떨어진 느낌. 아무것도 없는 우주 속을 혼자 유영하는 느낌. 그럴 때일수록 자꾸 주변을 둘러보아야 한다. 내 곁에 이렇게나 많은 사람이 함께하고 있다는 걸 깨닫게 되는 순간 더는 두렵지 않다.

입장 바꿔 내가 그들이었다면 펄펄 끓던

아스팔트 위의 팔을 찾으러 일어설 수나 있었을까?

손이 떨리고 다리가 후들거리는데,

혹시나 팔을 찾았더라도 흉측하게 너덜거리는

그 팔을 들고 달려올 수나 있었을까?

아직 처리해야 할 선불권이 남아 있어서

때는 접합수술로 몸은 고되었지만 팔을 다시 붙였다는 생각에 미래를 향한 기대감이 잔뜩 올라왔던 시절이다. 약기운에 제정신이 아닌 상태라 기억마저 가물가물하던 때. 당시 미용실 대표님은 병원으로 하루도 빠짐없이 출근 도장을 찍으셨다. 강한 약기운 때문인지 나는 여전히 이때의 기억이 잘 나지 않지만, 나를 찾아온 이들과 이야기를 나누기도 했다고 이후에 들었다. 그러나 그중에는 잔뜩 스며든 약기운에도 여전히 생생한 기억이 하나 있다.

평일 햇볕 따스한 날이었다. 미용실 대표님이 나를 찾아오셨다. 항상 내가 잠들어 있을 때 오고는 하셔서 얼굴을 보지 못했었는데 이날은 다행히 내가 깨어 있는 때에 날 찾아주셨다. 대표님은 내 옆 의자에 걸터앉으셨다. 오랜만에 대표님 얼굴을 보니 곧 이곳에서 나갈 수 있을 것 같다는 희망도 함께 꿈틀거렸다.

"대표님 오셨어요? 누워서 인사드립니다."

며칠째 씻지도 못한 몰골이었지만 내 얼굴이 어떤지도 모르고 그냥 방긋 웃었다. 재활 잘해서 한 달 후에는 꼭 출근하겠다고 말했다. 당시에는 내가 팔을 다시 절단하게 되리라고는 꿈에도 생각하지 못했었다. 얼른 다시 일상으로 돌아가고 싶은 마음뿐이었다. 대표님은 천천히 회복하고 몸이 완벽한 컨디션으로 돌아왔을 때 복귀해도 좋으니 성급하게 생각하지 말라고 하셨다. 나긋나긋한 그 말에도 조급했던 나는 걱정들을 쏟아냈다.

"제가 전달에 회원권을 많이 끊어놨는데 어쩌죠? 빨리 선불권 끊어두신 고객님들 머리해 드려야 하는데 어떡해요. 예약 많이 밀렸죠? 직원들이 저 대신 피 보고 있는 것 아니에요?"

　대표님은 여전히 차분한 말투로 직원들끼리 잘 처리하고 있으니 천천히 재활하고 건강히 돌아오라는 말만 남기셨다. 오랜만에 이렇게 얼굴 보고 대화 나누니까 좋다며, 앞으로도 몸 상태 확인하러 종종 올 테니 일 걱정은 말고 컨디션 회복에만 집중하라고 하셨다. 그렇게 대표님이 떠나고 며칠 후, 나는 패혈증으로 팔을 영영 잃었다.

　팔을 완전히 잃은 후에도 대표님은 찾아오셨다. 무슨 말을 하러 오신 걸까, 내가 어떤 말을 건네야 할까. 짧은 기다림의 순간에도 오만가지 생각이 스쳐 지나갔다. 내가 저번에 쳐둔 호언장담이 있어 절로 마음이 쪼그라들었다. 금방 돌아가서 매출 올리겠다고 큰소리 뻥뻥 쳐놨는데 망했다 싶었다. 할 수만 있다면 그때의 내 입을 틀어막고 싶었다. 그리고 한편으로는 두려웠다. 이제 디자이너 일을 못 하니 그동안 고생했다는 말씀을 하시려나? 그럼 난 이제 뭐 해 먹고살아야 하나. 지난 10년의 내 모습이 영화 필름처럼 휙휙 머릿속을 지나갔다.

머리가 복잡한 와중에 대표님이 들어왔다. 대표님은 절단된 팔의 어깻죽지를 한번 훑고는 차분하게 말씀을 시작하셨다. 이 시기 나에게 생긴 작은 버릇이 하나 있었는데, 병문안 온 사람들이 나를 보고 눈가가 빨개지거나 눈물이 맺히는 순간 황급히 내 시선을 다른 곳으로 돌리는 것이었다. 오늘도 그래야 하지 않을까 생각하며 대표님의 입술이 들썩이기 전에 일단 아무 말이나 꺼내 놓았다.

"패혈증 때문에 절단했어요. 근데 오히려 컨디션은 좋네요. 팔에 염증이 있어서 그동안 계속 몽롱했던 것 같아요. 지금은 오히려 팔 붙여놨을 때보다 좋습니다."

어색한 침묵 후 대표님은 물으셨다.

"그래, 다행이네. 다음 병원으로 전원은 언제야?"

"가을쯤 갈 것 같아요."

한참 후 대표님이 다시 입을 뗐다.

"그래, 그럼 병원에서 치료 잘 받고 다시 미용실로 복귀해 줄래?"

순간 정신이 번쩍 들었다. 대표님의 입에서 전혀 예상치 못한 말이 흘러나왔기 때문이었다.

"제가 무슨 일을 할 수 있을까요? 설마 한 손으로 머리 손질하라는 뜻은 아니시죠?"

나는 어색한 농담을 건넸지만, 대표님은 결의에 찬 눈빛으로 답했다.

"불쌍한 사람 하나 살리자고 내 매장으로 다시 데려오려는 건 절대 아니야. 네가 디자이너 때 잘해줬기 때문에, 성과가 훌륭한 직원이었기 때문에 다른 직무인 매니저로 시작해서 또 다른 길로 성장하는 나윤이 모습을 보고 싶어. 마지막 병원까지 무사히 지내고 나면 나한테 연락해 줄래? 이전처럼 아픈 모습이 아니니 이젠 맘 놓고 일 좀 돌봐야겠다."

생각지도 못한 이야기들이 속사포처럼 내 귓가를 스쳤다. 그저 감사하다는 말로는 다 표현할 수 없는 감정이 내 안에 가득 차올랐다. 이런 내 마음을 숨기면서 장난스러운 말로 대답을 대신했다.

"대표님 매출 신경 많이 쓰시는데, 전 앞으로 죽었네요. 잘해볼게요, 감사합니다. 연락드릴게요."

오래 함께한 대표님은 내 덤덤한 대답 속 진심을 아마도 알아챘을 것이다. 대표님이 떠난 자리에서 나는 한동안 여운에 들떠 있었다. 내가 아무리 잘했던 직원이라도 다쳐서 한 팔이 없는 나에게 디자이너도 아닌 새로운 자리를 마련해 준 약속이 실로 놀라웠다. 매니저를 따로 두고 있지 않은 매장이라 더 놀라운 제안이었다. 본래의 매장 관리 철칙까지 바꾸며 내게 새로운 제안을 해준 대표님에게 사무치게 감사했다. 입장 바꿔, 나였다면 그런 결정을 내릴 수 있었을까? 다친 직원을 위해 내 사업이 손해 입는 것까지 눈감아 줄 수 있었을까? 만약 그날 나를 찾아온 대표님이 이별을 이야기했다면 나는 어떤 일을 하며 살아갈 수 있었을까? 열일곱 살부터 지금까지 여태 한 우물만 판 사람인데, 한순간에 커리어가 날아가 버린 상황에서 일상적인 생활이나 가능했을까? 무엇이 되었든 지금의 모습과는 많이 달랐을 것이다.

무사히 회복을 마치고 다시 매장으로 돌아온 나는 매니저라는 새로운 직무로 두 번째 삶을 시작했다. 그날은 익숙한 듯 아주 많이 새로운 날이었다. 오랜만에 보는 직원들 그리고 익숙한 파마약, 염색약 냄새에 그것들 모두를 그리워했던 오감이 꿈틀거리며 눈물이 찔끔 나왔다. 나를 보고는 눈시울을 붉히는 직원, 너무 잘 돌아왔다며 환하게 웃어주던 직원, 입구까지 빠르게 달려와 내게 인사해 주던 직원까지 모두 생생하다. 그 눈빛들, 따스한 목소리와 손길들. 이날 느낀 건 살면서 처음 느껴보는 새로운 행복감이었다.

독립적으로 행복하라는 요지의 이야기들이 많은 요즘이다. 물론 혼자서도 굳세게 나아가는 사람들은 멋있다. 한때는 나도 그런 사람들을 동경했었다. 그러나 삶의 안정감은 언제나 곁에 사람들이 함께일 때 마련된다. 따뜻한 대표님과 한결같은 미용실 직원들, 나를 잊지 않아준 고객들 덕분에 나는 그날 다시 한번 살아갈 용기를 얻었다.

철없는 누나에게 남은 것

세상의 아름다운 것 중에는 만질 수 없고 보이지 않는 게 많다. 예를 들면 나를 향한 부모님의 조건 없는 사랑? 아니면 연인 사이의 불타는 사랑? 사랑하는 이의 얼굴을 몇 분이라도 더 보려고 피곤한 몸으로도 먼 길을 달려오고, 잠자는 시간을 기꺼이 줄이는 사랑 말이다. 또는 어린 시절, 친구가 온 세상의 전부였을 때의 우정? 이런 것들은 눈에 보이지도 않고, 만질 수도 없다. 지금은 나의 왼팔이 그렇다.

"보이지 않아서 아름다운 것들이 있어요. 마치 제 왼팔이 보이지 않는 것처럼요."

내가 강연 때 자주 하는 말이다. 스스로도 두 팔일 때보다 한 팔일 때 사람들을 더 많이 안아줄 수 있게 되었다고 생각하기 때문이다. 사고로 팔 하나를 잃었지만, 그래서 인생의 더 많은 아름다운 일들을 경험해 볼 수 있었다. 나는 그렇게 성장했다.

요즘도 이전의 나를 돌이켜 보면 반성할 것투성이다. 가족, 직장 동료, 친구, 연인…. 모든 인간관계에서 나는 다른 사람의 말을 세심히 듣지 않는 부류였다. 그것이 이기주의가 아니라 개인주의라 자부하며. 그들이 나를 좋아한다면 내게 어떤 단점이 있더라도 영영 나를 떠나가지 않을 거라고 생각하며 살아왔다. 그래서 나는 좋게 이야기하면 쿨하고 나쁘게 이야기하면 인간관계에 냉소적인 사람이었다. 특히나 가족들에게 그랬다. 사회생활을 하면서는 속으로 아무리 싫어도 겉으로는 좋은 척 웃기도 했지만, 가족들만은 나를 이해해 주겠지 하는 못된 심보로 그들을 언제나 함부로 대했었다.

특히 남동생에게 나는 더없이 무뚝뚝한 누나였다. 부모님이 헤어진 이후에 아빠의 빈자리를 채워줘야 한다는 강박 때문이었을까. '집에 어른이 두 명이나 더 있어!'라는 마음으로 나는 고작 한 살밖에 차이 나지 않는 남동생이 기어오르는 꼴을 조금도 보지 못했다. '조금이라도 기어오르면 가만두지 않을 거야!'라는 생각으로 형 같은 누나로서 군기를 잡았었다. 초등학생 시절에는 원하는 채널을 서로 보겠다고 싸우다 리모컨을 던져서 부수기까지 할 정도로 치고받고 싸웠는데, 그때도 잘 먹었던 나는 체격이 좋았고 동생은 편식을 해서 삐삐 말랐었다. 그래서 힘으로 싸워도 늘 내가 이기곤 했었다. 그러던 어느 날 갑자기 동생 키가 훅 커져 고개를 젖히고 봐야 할 정도가 되어 그 후로 내가 자연스럽게 육탄전을 피하기는 했지만 말이다.

말했다시피 중학교를 졸업할 때쯤 나는 경제적 독립을 하며 미용실이라는 사회로 뛰어들게 되었다. 그러면서 가족들과의 거리는 점차 멀어졌다. 그래서 가끔 동생을 만나면 하루가 다르게 커가는 모습이 놀랍고 뿌듯했다. 동생은 뭘 해도 잘해낼 거라는 믿음 또한 있었지만, 여전히 무뚝뚝한 누나였던 나는 그 말을 차마 입 밖으로 내지는 못했다. 군대 제대 이후에 바로 프랜차이즈 요식업에 뛰어들어 또래들보다 더 많은 수익을 내고 있던 동생에게 어깨가 우쭐해져 자칫 큰 실수라도 할까 싶어 제대로 된 칭찬 한마디 해주지 못했다.

"우리가 돈을 벌 수 있는 날이 그렇게 길지 않아! 젊을 때 많이 벌어놔야지!"

늘 당근보다는 채찍을 받았던 동생은 나의 사고 이후에 운영하던 식당까지 잠시 닫고, 아침저녁으로 나를 간병하고 있는 엄마를 대신해 사고의 복잡한 일들을 처리해 주었다. 그때만큼 동생이 듬직했던 적도 없다.

때는 양평의 재활병원에서 마지막 병원으로 전원을 하던 시기였다. 병원에서의 마지막 날, 병원 식구들이 파티를 열어주었다. 각기 다른 장애를 지니고 있었지만 앞으로 퇴원하더라도 잘 살라고, 우린 잘 살 수 있다고,

간간이 연락하고 만나자며 인사를 주고받는 중이었다. 그때 동생에게 전화가 걸려왔다.

"응, 누나 내일 퇴원하고 다른 병원으로 간다. 일은 어때? 나 때문에 자리 많이 비워서 걱정이다."

"아냐, 몸은 많이 좋아졌어?"

"응, 많이 좋아졌어. 근데 내가 지금 여기 병원 사람들이랑 마지막 파티를 하고 있어서. 내가 내일 전화해도 돼?"

"응. 알겠어…."

"응, 내일 연락하자."

유난히도 더 짧았던 통화를 마치고 나는 다시 병원 사람들과의 마지막 밤에, 앞으로의 삶에 파이팅을 외치며 잠자리에 들었다. 그리고 다음 날, 새로운 병원에 입원 수속을 하고는 간단한 물리치료를 받으며 누워 있던 와중에 또다시 핸드폰이 울렸다. 동생 친구였다. 평소에 전화도 안 하는 애가 왜? 내가 다쳤다는 소식을 이제 듣고 안부 전화를 하나 보다 싶었다.

"누나."

숨소리 섞인 정적이 무언가 나쁜 일이 벌어졌다는 사실을 미리 알려주고 있었다. 어떤 예감이라도 한 듯 나는 불안함에 화내듯 따져 물었다.

"왜, 무슨 일 생겼어?"

"동생이 다쳤어요."

"왜, 얼마나 다쳤어? 예비군 간다고 했는데, 가다가 다친 건가? 교통사고 났어? 얼마나 다쳤어?"

동생 친구는 꺽꺽대고 울 뿐 아무 말도 하지 않았다. 물리치료를 하는 전기선들을 몸에서 거칠게 떼어내며 그 자리를 박차고 나왔다. 그래, 오전부터 엄마의 얼굴이 심상치 않았다.

"어디야? 얼마나 다쳤어? 어디 병원이야? 내가 갈게!"

동생 친구는 가슴이 떨어져 내리는 이야기를 했다.

"병원인 건 알겠는데 왜? 왜 장례식장이야!"

소리치며 전화를 끊고 엄마에게 전화해 보았지만, 엄마는 받지 않았다. 병원에서는 병원 절차상 입원 첫날이라 지금 나가면 다시 입원하기까지 얼마나 기다려야 할지 모른다며, 하루 입원해 잠을 자고 다음 날 오전이 나 되어서야 외출증을 끊을 수 있다는 말도 안 되는 소리를 해댔다. 나는 이성을 잃고 병원 안내 데스크 앞에서 난동을 부렸다.

교통사고 환자들은 한 병원에서 6개월 이상 지낼 수 없는 시스템 때문에 병원 난민이라고도 불린다. 여러 병원을 떠돈다는 뜻이다. 물론 나도 그중 하나였다. 여전히 치료를 위해 병원 생활을 해야 하지만 일정 기간이 지나면 다른 병원으로 옮겨야만 하는. 어렵게 입원이 약속된 병원에서 지금 나가면 언제 다른 병원으로 갈 수 있을지를 장담할 수 없는 상황에 친구들은 반쯤 정신이 나가 있는 나를 병실에 욱여넣었다. 내일 날이 밝는 대로 함께 가자며 나를 설득했다. 이런 와중에도 내 치료를 생각해야 하는 상황이 너무나 원망스러웠다.

그리고 엄마도 원망스러웠다. 화가 났다. 왜 이런 일들을 자꾸 나에게 숨기는지 이해가 되지 않았다. 나의 끔찍했던 사고 이후에 동생에게도 이런 일이 생겼다고? 대체 왜? 큰 사고로 장애를 얻어 재활치료 중인 마당에

그 아이가 남기고 간 것들은

내 마음속에 뚜렷이 새겨져 있다.

의미 있는 사람들과 마음을 공유하며

시답지 않은 이야기를 나누는 것.

그들과 함께 시간을 보내는 것.

많은 사람을 품고

나 또한 많은 이들에게 안겨 살아가는 것.

내가 이 일로 정신적인 충격까지 받아 혹시나 자책하며 나쁜 일을 벌일까 봐 숨겨온 엄마 마음도 이해는 갔지만 화는 풀리지 않았다. 여전히 내가 엄마의 보살핌을 받아야 하는 연약한 존재임을 확인받는 것 같아 더 슬펐다. 이런 와중에 맏딸의 전원까지 신경 써야 했던 엄마의 마음은 어땠을까. 감히 나로서는 상상조차 할 수 없었다.

장례식장에 도착해 보니 이미 동생 친구들이 빼곡히 빈소를 지키고 있었다. 내 지인들도 어떻게 소식을 알았는지 우르르 달려왔다. 내가 할 수 있는 일이라고는 초점 없는 눈으로 흰 꽃 위에 놓인 동생의 사진을 보는 것뿐이었다. 역시나 엄마가 걱정이었다. 딸이 사고로 장애를 얻게 된 지도 얼마 되지 않았는데, 남은 아들마저 잃은 여자의 마음을 감히 어떻게 가늠할 수 있을까? 북받치는 울음을 참으면서 버릇처럼 엄마의 상태를 살폈다.

동생은 급성 우울증으로 생을 마감했다. 그 이면엔 경제적인 이유도 있었다. 그까짓 돈, 당장 이체해 줄 수 있었는데…. 장례식장 모니터의 동생 이름 옆에 '25세'라는 나이가 깜빡였다. 스물다섯. 꽃다운 나이에 모두를 두고 떠나버린 동생이 미웠다. 나는 죽을힘을 다해서 다시 살아가려고 애쓰던 시간. 병원에서 만난 수많은 이들이 어떻게든 일상생활을 꾸려가기 위해 이를 악물고 재활하고 치료받으며 지내던 시간. 넘어지기도 하고, 울기도 하며 세상으로 나아가길 기도하고 발악하던 그 시간에 내 동생은 세상과 멀어지길 원했다고 생각하니 더없이 고통스럽고 울화가 치밀었다.

여러 해가 흐른 지금까지도 여전히 난 동생이 밉다. 살기 위해 몸부림치는 사람들도 있는데, 죽기 위해 몸부림쳤던 그 아이가 정말 밉다. 그 마음 가장 밑바닥에는 나를 향한 질은 자책이 깔려 있다. 병원 생활을 하면서라도 한 번 더 동생의 안부를 챙겼더라면, 진솔한 속마음을 나눌 수 있는 시간을 가졌더라면, 퇴원 전날 마지막 통화에서 조금 더 동생의 말에 귀를 기울였더라면…. 이런 후회와 아쉬움이 몰려와 시도 때도 없이 괴로웠다.

이제 동생을 더 이상 볼 수 없고 더 이상 만질 수 없지만 그 아이가 남기고 간 것들은 내 마음속에 뚜렷이 새겨져 있다. 의미 있는 사람들과 마음을 공유하며 시답지 않은 이야기를 나누는 것. 그들과 함께 시간을 보내는 것. 많은 사람을 품고 나 또한 많은 이들에게 안겨 살아가는 것. 동생은 아마도 철없는 누나에게 삶을 살아가며 놓치면 안 될 것들을 가르쳐주고 싶었으리라. 너무 아름다워 더는 볼 수도, 만질 수도 없는 동생을 떠올리며 오늘도 그 아이의 가르침대로 살아가 보려 한다.

3장

기어코 해내고 마는 마음

병원복 차림으로 풀세팅한 여자

두 번째 병원으로 전원했을 때의 일이다. 병원은 양평에 있었는데, 마침 낙엽이 막 예쁘게 지는 계절이었다. 몇 달 만에 병원복을 벗고 내 옷을 입자 아주 낯선 느낌이 들었다. 니트와 겉옷 그리고 양말, 신발 하나까지 나에게는 모든 게 새로웠다. 스물일곱 살이었지만 시간을 거슬러 마치 일곱 살이 된 기분이었다. 엄마는 내가 혹시 신발 끈을 제대로 묶지 못할까 봐 슬리퍼를 챙겨 와서는 신으라고 했다. 엄마가 챙겨온 코트와 썩 어울리는 조합은 아니었다. 검정 코트에 핑크색 슬리퍼라니. 용

납할 수 없었다. 결국 고집 센 내가 이겼다. 기어코 원래 신던 신발을 가져와 신었다.

그런데 이게 무슨 일일까. 병원복을 벗고 청바지를 입으려는데, 세상에! 버클이 잠기지 않았다. 사고 전에도 사이즈가 타이트하긴 했었지만, 두 손으로 바지 허릿단을 조여 잠그는 것과 한 손으로 타이트한 바지 버클을 채우는 건 완전히 다른 일이었다. 엄마의 손을 빌릴 수밖에 없었다. 이제 윗옷을 입어야 했다. 니트 왼쪽 소매가 나풀거리는 꼴이 그렇게나 웃겼다. 어느 외국 브랜드 디자이너의 런웨이 쇼처럼 일상생활에서 입을 수 없는 옷을 입은 모습처럼 느껴졌다. 코트를 어깨에 걸쳐 우스꽝스러운 내 몰골을 감췄다.

두 번째 병원으로 향하는 길에 양평의 '두물머리'라는 곳에 들렀다. 금강산도 식후경이라고, 두물머리에서 유명한 핫도그는 초코우유와의 조합이 그렇게 맛있다고 들었다. 그런데 또 예상치 못한 난관이 나를 기다리고 있었다. 상상 속 나는 한 손에 초코우유, 다른 한 손에 핫도그를 들고 있었지만 현실 속 나에게는 한 손이 없었다.

이날부터 나의 진짜 재활이 시작되었다. 병원 입원 수속을 마치자마자 내가 했던 일은 재활 운동도, 물리치료도 아니었다. 맨 처음 내가 한 일은 병원 침대 위의 탁자를 펴고, 거울을 세팅하고, 매직기와 화장품들을 깔아놓고는 진짜 일상으로 돌아가기 위한 연습을 시작하는 것이었다!

첫 번째 미션은 스킨로션 바르기. 무릎에 짜서 발라보기도 했고, 얼굴에 바로 부어 발라보기도 했다. 얼굴에 바로 부으니 양 조절이 영 안 돼서 패스. 파운데이션도 왼쪽 손등이 없으니 얼굴에 바로 짜보았는데 양 조절 실패로 화장이 둥둥 뜨고 말았다. 다음 미션은 눈썹과 아이라인 그리기. 원래도 한 손으로 그려서 이 단계는 그리 어렵지 않겠다 싶었는데, 웬걸! 왼손으로 라이너 액이 마르기 전에 눈꼬리를 슥 하고 얇게 빼던 기술을 사용하지 못하니 중학생이 화장하듯 두꺼운 라인이 그려졌다. 꾸미는 것에는 도가 텄다고 생각했는데 망연자실했다. 마음을 가다듬으며 다음으로 내가 제일 잘하니 쉬울 거라 생각했던 머리를 만져봤다. 고데기, 매직기로 웨이브도 넣어봤다가 스트레이트로 펴내기도 하고, 물결 드라이도 한 손으로 해냈다! 그야말로 나만의 병상 뷰티숍이었다.

이제 막 입원 수속을 마친 내가 병실에 들어오자마자 병원복만 급히 갈아입고 그렇게나 요란을 떨고 있으니 옆 환자들은 얼마나 황당했을까. 깔깔 웃는 사람도, 내 장황한 사고 이야기를 듣고는 측은한 시선을 보내는 사람도 있었다. 그러나 그때의 나는 무엇도 신경 쓰이지 않았다. 그저 일상으로 돌아가기 위해 한 손으로도 예전처럼 입고 만지고 먹어야만 했다. 그래야 병원 밖 세상을 살아갈 수 있을 것 같았다. 그렇게 나는 이 병원에 머무는 동안 병원복을 입은 채 화장도, 머리도 풀세팅한 여자가 되었지만… 아무렴 어떤가. 이 또한 내게는 중요한 재활이었다.

안녕, 나의 커리어

사고가 나기 전 나는 대체로 잘 때 꿈을 꾸지 않는 편이었다. 물론 꿈을 꿔도 잘 기억하지 못한 것이겠지만 일, 퇴근, 일, 퇴근이 반복되는 삶을 살아서인지 머리만 베개에 닿으면 그저 딥 슬립이었다. 그런데 사고 이후 병원에서는 때때로 긴 꿈을 꿨다. 오토바이 사고가 나던 순간이나 미용실 고객의 머리를 내가 두 손으로 다듬는 순간을 반복적으로 꿈꾸곤 했다. 내가 이렇게나 헤어디자이너라는 직업을 사랑하고 있었는지 그때 처음 깨달았다. 그 외에도 커트 도해도를 그리고, 고객과 대화 나누는 꿈도 자주 꿨다.

 회복 후 나의 일과 직책이 바뀌고 나서 미용실에 출근했던 때가 떠오른다. 엔지니어 파트에서 매니지먼트 파트, 즉 관리직으로 역할이 바뀌어 복귀한 거였다. 물론 처음 미용실에 입사했을 때보다는 수월했지만 모든 일이 어렵게만 느껴졌다. 내 고객뿐 아니라 매장 모든 고객을 응대해야 했고 내 매출뿐 아니라 매장의 모든 디자이너 성과를 관리해 총매출을 올려야 했다. 남의 지갑에서 돈 나오게 만드는 일이 어렵다는 건 원래 알고 있었지만, 한 다리를 더 거쳐 일을 해내는 건 정말이지 차원이 달랐다.

 어느 한가로운 평일 오후였다. 직원들끼리 수다를 떨고 있던 찰나에 예약 고객이 왔다. 우린 뿔뿔이 흩어져 각자의 자리로 돌아갔다. 디자이너는 경대로, 인턴은 고객의 샴푸 준비를 하러. 나는 안내 데스크에서 고객을 맞을 준비를 하고, 고객의 옷을 받아 들어 캐비닛에 넣었다. 그러고는 고객이 디자이너와 스타일에 대해 간단한 상담을 하고, 디자이너가 커트를 해나가는 모습을 바라봤다. 커트하는 소리를 듣고 있자니 문득 내 손끝에서 모발이 잘려 나가는 감각, 가위를 잡은 손가락이 이리저리 움직이는 감각이 생생히 느껴졌다. 부러웠다. 내가 있어야 할 곳은 안내 데스크가 아니라 저 거울 앞인데…. 그런 생각을 하며 내내 디자이너 때의 일상을 되뇌었다. 가슴 아픈 그리움이 찾아왔다. 같은 공간에 있으면서도 이전에 당연하게 해오던 일을 이제는 더 이상 할 수 없다고 생각하니 못내 서글펐다. 헤어디자이너라는 직업에 대한 아쉬움은 시간이 흐를수록 짙어졌다. 그럴 때마다 나의 지난 경험들로 후배, 동료들에게 더 쓰임 있는 점장이 되기를 바라며 아쉬운 마음을 접어냈다.

디자이너 시절 나는 목표 외에는 주변을 잘 둘러보지 않는 사람이었다. 일을 할 땐 오직 목표 매출과 목표 고객 수만 생각했다. 그래서였는지 따라오는 불협화음이 꽤 있었다. 대표적으로, 나와 팀을 이루어 일하는 인턴이 자꾸 바뀌었다. 직업 특성상 식사 시간이 정해져 있지 않았고 예약된 고객이 없을 때 밥을 먹었던 터라, 미용실에서 나는 인턴들에게 점심 굶기는 선생님으로 소문이 자자했다. 그래도 그때는 고객이 훨씬 더 중요하니 밥 정도는 굶어도 된다고 생각했었다. 그래서 나와 함께하는 인턴의 퇴사율은 늘 높았다. 밥도 못 먹고 일하는 강도를 버티지 못해 그만둔 인턴들이 많았던 거다.

그런데 아이러니하게도 인턴이 퇴사할 때마다 생기는 공백은 고스란히 내가 그렇게나 중요하게 생각하던 고객 수 감소로 이어졌다. 바쁜 날 기준 하루 10시간 근무라고 하면 30분 간격으로 빽빽이 예약을 잡아놓았던 나는 그 예약을 줄여야만 했고, 당연히 하루에 소화하는 고객 수가 적어졌다. 월로 따져보면 그 숫자의 갭이 클 수밖에 없었다. 이대로는 안 되겠다는 생각에 홀로 예약 고객들을 모두 감당해 보려고도 했지만 오히려 고객들의 컴플레인만 많아질 뿐이었다. 시간에 맞춰 머리를 완성하지 못했고, 신경 써야 할 모발 상태를 면밀히 확인하기 힘들었다. 그러다 보니 고객만족도가 떨어지면서 자연스럽게 고객 수가 줄어드는 경험을 했다.

이런 경험은 제대로 된 디자이너로 성장하기 위해서는 무엇보다 직원들 간의 관계가 가장 중요하다는 가르침을 줬다. 인간관계를 간과한 채 숫자만을 좇았던 지난날을 반성했다. 고객이 많아 밥도 못 먹어가며 일하던 메인 인턴에게 말 한마디 따뜻하게 건넸다면 어땠을까. 어쩌면 이 방법으로 인턴들의 퇴사율을 낮췄다면 더 일찍 목표를 달성할 수도 있었을 거다.

나 또한 이렇듯 우여곡절을 겪으며 디자이너로 성장했기에 나는 매장의 디자이너들에게 나의 시행착오와 노하우를 꼼꼼히 전하며 그들이 지금보다 더 만족스러운 급여를 받아가길, 더 많은 꿈을 꾸길 바랐다.

그러던 중 우리 미용실에서 경력도 가장 길고 매출도 가장 높은 실장급의 디자이너가 매출 목표를 높게 설정하는 일을 극도로 두려워하고 있다는 사실을 알게 되었다. 그의 고민에 관해 깊이 있는 대화를 나누며 나는 한 가지 목표를 세웠다. 바로 그 디자이너가 남을 위한 목표가 아닌 본인의 의지를 자극하는 목표를 지니게 만드는 것이었다. 원하면 무엇이든 해낼 수 있다고 생각하게끔 돕고 싶었다. 내가 보기에 실장님은 충분한 멘탈을 지녔지만 합심할 누군가가 없었다. 내가 그런 사람이 되어주고 싶었다.

내가 디자이너로 일할 때를 생각해 보면, 나는 생각이 많지 않은 편이었다. 일단 목표가 정해지면 노력해 보고, 안 되면 무엇이 문제였는지 복기해 보고. 그게 끝이었다. 완벽주의자인 실장님에게도 의외로 내 방식이 먹히리라 생각했다.

"우리 너무 많이 생각하지 말고 일단 해봐요. 해보고 또 어려움이 생긴다 싶으면 그때 가서 다시 계획을 수정해 보는 게 어때요? 앞으로 무슨 일이 일어날지는 모르는 거잖아요."

미용실에서 한 명의 디자이너로 일한다는 건 생각보다 강한 멘탈을 필요로 한다. 운동선수 못지않은 체력도 뒷받침되어야 한다. 매출도 오락가락. 고객들과의 소통에도 늘 어려움이 따른다. 매월 마지막 날을 만족할 만한 숫자로 마감했다 하더라도 그다음 1일에는 다시 숫자 0을 마주해야 하는 게 일상이다. 이런 어려움을 속속들이 알고 있던 나는 다행히 디자이너의 입장에서 실장님을 충분히 이해할 수 있었다.

진심 어린 대화로 그를 설득해 목표를 설정하고 6개월이 채 되지 않았을 때, 우리는 무려 네 배의 성장을 이뤄냈다. 정말 뛸 듯이 기뻤다. 단지 디자이너가 매출 달성을 했다는 사실에 기쁜 게 아니었다. 나의 진정성 있는 대화가 그의 두려움을 상쇄해 주었다는 사실이 기뻤다. 사고 이후에 나의 쓸모에 관해 고민하던 시점이었던 러라 나의 존재 이유가 증명된 것 같아 안도하는 마음도 있었다.

매출에 잔뜩 위축되어 있던 그는 내가 보기엔 충분히 해낼 수 있는 기술과 마음가짐을 지닌 사람이었다. 그런데 왜 성장을 멈췄을까? 그가 지닌 근원적인 부담감과 압박감을 대화로 풀어냈기에 가능한 성공이었다. '내가 할 수 있을까?', '너무 힘들면 어쩌지?'라는 생각보다 '그래, 해보자!'라는 의지가 피어났기에 가능한 성공이었다. 매출이 오르는 건 어찌 보면 당연한 결과였다.

내가 잘했다기보다는 그 디자이너가 원래 잘하는 사람이었기에 가능한 일이었다. 매출은 승승장구하며 계속 갱신될 것만 같았다.

그러나 나는 여섯 명의 디자이너와 네 명의 인턴, 총 열 명이 일하고 있는 매장을 책임져야 했고 모든 디자이너의 매출을 높여야만 했다. 숨돌릴 틈 없이 제2의 성공 모델을 찾아 나섰다. 1대 1 상담과 코칭을 이어가며 심도 있는 대화에도 많은 시간을 투자했다. 문제는 여기서 터졌다. 남은 디자이너들과의 시간을 늘리는 동안 매출이 네 배 성장한 디자이너와의 대화를 소홀히 한 것이다. 밀려드는 고객들, 매출 유지에 대한 압박감 등 매출 성장 이후 디자이너의 고충을 간과했다. 그러다 보니 영영 그와의 대화 타이밍을 놓치게 되었고 결국 디자이너는 퇴사했다. 다른 것도 아닌 몇 마디 대화가 부족했다는 사실에 지금도 후회한다. 이전 인턴들이 퇴사하던 때가 떠오르며 관심을 둔다는 건 한두 번으로 끝나는 일이 아니라는 사실을 체감했다. 관심을 둔다는 건 그만큼 꾸준히 노력해야 한다는 뜻이다. 그것이 모든 인간관계의 기본이다. 숫자만 좇으며 함께 일하는 사람의 식사조차 챙기지 못했던 디자이너 시절이 떠올랐다. 그렇게나 많은 일이 있었고, 이렇게나 시간이 흘렀는데 아직도 성숙해지려면 멀었구나 싶은 생각에 울적했다.

그즈음 나는 척추 부근이 이따금 아프기 시작했다. 일에 쫓겨 내 몸을 제대로 돌보지 못하는 날들이 이어졌다. 내 척추에는 골절로 인한 핀이 삽입되어 있었는데, 경과를 확인하러 간 병원에서 엑스레이 사진을 통해 척추측만이 심해져 있다는 사실을 알게 되었다. 또다시 몸에 이상이 생겼다는 이야기를 듣고 나니 사고 이후 바뀌었던 나의 우선순위가 떠올랐다. 그럼 지금 내 삶의 우선순위는 무엇일까?

한때는 삶의 우선순위가 일이었다. 1순위가 일이었던 때는 그만큼 부를 많이 축적했었나? 그것도 아니면 일하면서 가족이나 친구들에게 그만큼 많이 베풀었나? 함께 일하는 동료들에게 따뜻하고 다정한 사람이었나?

모두 아니었다. 나는 오로지 나 자신만을 위해 살던 사람이었다. 순간 육각형 인간의 모습이 떠올랐다. 각각의 꼭짓점까지 도형 안이 고르게 꽉 찬 육각형. 그러나 내 삶은 그렇지 못했다. 다양한 영역들 가운데 일을 뜻하는 한쪽 점만이 보기 싫게 삐쭉 튀어나와 있는 뿔 모양이었다. 살면서 챙겨야 할 중요한 것들이 얼마나 많은데…. 나는 다른 것들 생각할 겨를도 없이 오로지 일에만 매달렸던 우물 안 개구리였다. 일단 건강해야 삶을 꾸려가는 것도 가능하다. 외면뿐만 아니라 내면까지 건강해야 한다. 사고 이후 일을 시작하며 당연하게도 다시 솟아올랐던 일을 향한 열정과 애정을 되돌아볼 시기가 조금 빨리 찾아온 것이다.

생각해 보면 나는 디자이너 시절에도, 점장으로 일하던 시기에도 여러 가지로 못나고 부족한 사람이었다. 그저 끊임없이 더 나은 사람이 되고자 노력할 뿐이었다. 그러나 그때 내 삶에서 가장 중요한 건 건강이었다. 바뀐 내 삶의 1순위는 건강이어야만 했다. 일하는 사람으로서 더 성장하고 성숙하고 그리하여 성과를 내는 것도 중요했지만 나는 나만의 우선순위를 되찾아야만 했다. 우여곡절을 많이도 겪은 나는 그렇게 아쉬움 짙은 안녕을 고해야 했다. 나의 오랜 업에게.

내가 세상에서 제일 불쌍한 환자라니

재활병원으로 막 전원했을 때가 생각난다. 그때까지만 해도 우울감에서 완벽히 벗어나지 못했던 나는 여전히 한 손으로 해내야 하는 모든 것이 혼란스러웠고, 잘려 나가 한 팔이 없는 내 몸뚱이를 비추는 거울이 꼴도 보기 싫었다.

특히나 첫 번째 병원에서 우울했던 이유는 병원의 그 누구보다 내 상태가 제일 심각하다고 느꼈기 때문이었다. 첫 번째 병원은 수지 접합 전문병원이었는데, 그래서였는지 손가락이나 발가락이 절단된 환자들이 많앉다. 그런데 난 한 팔 전체가 절단된 사람이 아닌가! 나는 그 병원에서 상태가 제일 심각한 환자가 맞았다.

당시 병원 엘리베이터를 타면 홍해가 갈라지듯 환자들이 길을 터주곤 했다. 자기보다 심각해 보이는 환자이니 배려해 줬다고 생각해야 할까? 병원에서의 암묵적인 규칙 같은 거였다. 내가 지나가는 곳에는 늘 '힘내요!'라는 말도 따라붙었다. 물론 당시에 잔뜩 꼬여 있던 나에게는 그 말이 전혀 위로되지 않았다. 그저 '너 불쌍하다, 쯧!' 정도로 들렸으니 말 다 했다. 매일 이 병원에서 내가 가장 아픈 환자라고 생각했다. 그런데 재활병원으로 전원을 하고 보니 세상에는 나보다 아픈 환자가 너무나 많았다. 전신마비 환자, 뇌병변 환자, 두 다리가 모두 절단된 환자들도 있었다. 사람 마음이 참 영악하게도, 세상에서 내가 제일 아픈 사람이라는 생각을 달고 살다가 아닐지도 모른다는 생각이 드니 마음이 조금 놓였다. 나쁜 마음이라는 생각을 하면서도 어쩔 수 없이 그랬다.

병원에서의 첫날, 병실에 짐을 풀었다. 4인실 병실

이기도 했고 병원 자체가 지은 지 얼마 안 되어서인지 한층 더 쾌적하고 깨끗했다. 인사를 나누며 함께 병실을 사용하는 이들의 연령대를 확인했다. 내 옆 침대와 맞은편 옆 침대를 쓰시는 분들은 연세가 많았다. 한 분은 퇴원이 얼마 남지 않았다 하셨고, 한 분은 교통사고로 장기 손상이 많다 하셨다. 겉으로 보기엔 그리 큰 불편함이 없어 보였지만 말이다. 나머지 빈 침대의 주인은 언제 오려나. 보나 마나 나이가 많은 분이겠거니 생각했다. 그간 병원에서 생활하면서 내 또래를 만난 적이 거의 없어서 병원에 이십 대가 보이면 그렇게나 반가웠다.

병실 구경을 마친 나는 병원을 이리저리 돌아다니기 시작했다. 병원 뒤 공원에는 달릴 수 있는 트랙이 있었고 2층에는 무려 수영장도 있었다. 확실히 재활병원이라 로비에는 사이클 머신이 많았다. 그곳에도 내 나이 또래는 많이 보이지 않았다. 또래가 아니더라도 팔이 절단된 환자만큼은 꼭 찾고 싶었다. 어떤 생활을 하고 있는지, 요즘 마음은 어떤지 터놓고 몇 시간이고 이야기 나눌 수 있을 것 같았다. 뜻밖에 하지 절단 환자는 찾을 수 있었지만, 아쉽게도 나와 같은 상지 절단 환자는 끝내 볼 수 없었다. 아쉬운 마음에 이곳저곳을 조금 더 돌아다녀 보았으나 결국 찾지 못한 나는 터덜터덜 다시 병실로 돌아와야 했다.

그런데 병실에 웬 머리를 빡빡 깎은 앳된 환자가 앉아 있는 것이 아닌가. 잠시 눈치를 살피다 침대 밑에서 환자의 이름과 나이가 쓰인 카드를 발견했는데, 세상에! 처음으로 병원에서 나와 동갑인 친구를 만났다! 친구와는 금세 친해져 시시콜콜한 일상의 순간들을 공유했다. 친구에 굶주려 있던 나에게 그 아이는 단비 같은 존재였다.

그렇게 몇 주일이 지났을까. 침대에 누워 있는데, 친구가 내 얼굴을 보고 싶다며 자기 침대로 가까이 다가와 달라고 부탁했다. 그간 나눈 이야기가 얼마인데 아직 내 얼굴도 모른다고? 친구는 그제야 자신의 사고 이야기를 털어놓았다.

친구는 원래 영양사였다고 한다. 다치기 전 사진들

을 내게 몇 장 보여주었는데, 사진 속에는 지금과 달리 긴 생머리를 한 여자가 웃고 있었다. 건강한 몸으로 발랄하게 웃으며 브이를 그리고 있는 모습이 왠지 낯설게 느껴졌다. 그녀는 차 사고로 다쳤다고 했다. 전봇대를 피하려다 핸들을 꺾으면서 부딪히는 바람에 뇌가 심하게 다쳤고 머리를 여는 수술까지 해야 했다고. 사고 때 뇌신경들이 다쳐 편마비 증상이 생겼고 눈신경까지 건드려 시야가 좁은 상태였다. 그래서 늘 함께하는 어머니가 붙잡아 줘야만 걸을 수 있다고 했다. 가까이서 보니 두상의 형태가 울퉁불퉁했고 수술 자국도 컸다. 머리가 부분적으로 함몰되었으니 그 영향으로 몸의 반쪽만 움직일 수 있는 상태였던 거다. 앉았다 일어설 때도 친구의 반밖에 안 될 정도로 체구가 작은 어머님이 반동을 이용해 친구를 일으키셨던 게 떠올랐다. 그녀는 이후 나와 대화할 때도 새초롬하게 째려보듯이 곁눈질을 하곤 했는데 그래야 조금이라도 더 잘 보인다고 했다.

"점점 시야가 좁아질 텐데 어쩌지."

"그럼 지금껏 나인지는 어떻게 알았어?"

친구는 나의 발걸음 소리와 목소리로 유추해 왔다고 했다. 나는 어려운 이야기를 들려준 친구에게 고마운 마음으로 사고 이전의 생활, 병원 생활과 미래에 대한 막연한 두려움에 관한 내 이야기를 들려주었다. 우리 사이 거리가 한 뼘 더 가까워진 것 같았다.

우리가 있는 곳이 재활병원이다 보니 이곳에는 나름의 빡빡한 일정이 있었다. 아침 식사 후, 작업치료 시간이 끝나면 물리치료실로 향했고 이후에는 다시 운동치료실에 가야 했다. 우울감에서 완전히 벗어나지 못했던 당시의 나는 이런 생각을 했다.

'난 절단 장애인데 무슨 재활 운동이야! 팔이 있어야 재활을 하든지 말든지 하지! 저 사람들은 마비되긴 했지만 어쨌든 팔이 있으니까 운동도 할 수 있는 거 아냐? 외관도 괜찮잖아? 남들이랑 다르거나 무섭지 않잖아?'

그런데 며칠 동안 가까이에서 옆 침대의 친구를 지켜보며 나는 그 바보 같은 생각을 완전히 뜯어고치게 되었다. 그 아이가 처절할 정도로 힘들게 걷기 연습을

끊임없이 도전 대신 좌절을 선택하려 했던

나 자신이 정말로 부끄러웠다.

그리고 다른 이들의 장애와 내 장애를 비교해 가며

내 장애가 훨씬 힘들고 고통스럽다는

자기 연민에 빠져 있던 나를 발견한 순간

갑자기 정신이 번쩍 차려졌다.

하는 것이 아닌가. 워커를 대고 서 있는 것만으로도 친구는 너무나 힘들어했다. 온몸을 달달 떨어가며 힘겨운 호흡으로 운동을 이어나가는 모습이었다. 곧 친구의 얼굴과 목에서는 땀이 주룩주룩 흘러내렸다. 입술은 또 얼마나 앙다물었는지….

물론 이 친구뿐만이 아니었다. 혼자 앉고 서는 일이 자연스러운 나였지만 이곳의 환자 중에는 무언가에 의지해서라도 혼자 일어서는 게 꿈이고 간절한 소망인 이들이 많았다. 그들은 그렇게 힘겹게 일어선 후 기구를 이용해 한 발 한 발 걷는 연습을 한다. 그야말로 산 넘어 산이었지만 매 순간 최선을 다하는 그들의 모습은 그 어떤 스포츠보다 투지 넘치고 아름다웠다. 부끄러웠다. 병원 뒤편의 트랙을 빠르게 걸을 수 있을 만큼 호전된 나의 상태. 그런데도 끊임없이 도전 대신 좌절을 선택하려 했던 나 자신이 정말로 부끄러웠다. 그리고 다른 이들의 장애와 내 장애를 비교해 가며 내 장애가 훨씬 힘들고 고통스럽다는 자기 연민에 빠져 있던 나를 발견한 순간 갑자기 정신이 번쩍 차려졌다.

병원에는 내가 그토록 애타게 찾던 절단 환자보다는 척수 신경마비 환자, 편마비 환자들이 더 많았다. 나와 비슷한 오토바이 사고로 병원에 온 어느 환자는 경추 신경이 눌리는 바람에 양손을 모두 쓰지 못한다고 했다. 밥을 먹을 때는 그나마 기능이 조금 남아 있는 한 손에 누군가 포크를 끼워주어야만 조금씩이라도 먹을 수 있었지만, 이것도 완벽한 움직임은 아니었다.

처음에 나는 무례하게도 이 환자의 상태가 그렇게 심각하지 않다고 생각했었다. 그런데 그가 이런 이야기를 하는 것 아닌가.

"저는 차라리 나윤 씨처럼 팔을 자르고 싶어요!"

나는 너무 놀라 물었다.

"예? 세상에, 왜요?"

있으나 마나 한 팔에는 감각이 없을뿐더러 오히려 무겁고 거추장스럽다는 것이었다. 통증 또한 있다고 했다. 내가 처음 팔을 접합했을 때의 느낌이었을까? 어느덧 가물가물해진 기억을 떠올렸다. 접합 직후 내 왼팔은 무거운 통나무 같았고, 상처 부위를 누르면 물처럼 염증 때문에 생긴 농이 새어 나오기도 했다. 그제야 그 말이 이해되었다. 겉모습만으로 누군가의 상황을 넘겨짚으며 진단하려 한 나 자신이 한 번 더 부끄러워지는 순간이었다.

많은 이의 마음을 성숙하게 포용하기 위해서는 내가 지금 처한 상황을 긍정하는 힘이 필요하다. 살아가다 보면 언제나 좋은 날만 가득할 수는 없는 법이니까. 나는 비록 한 팔을 잃었지만 튼튼한 두 다리가 있고, 사랑하는 가족과 친구, 동료들과 함께다. 처음부터 모든 게 괜찮을 수는 없는 법이다. 27년을 두 팔로 살아왔는데, 고작 몇 달을 한 팔로 생활하면서 이전과 같기를 바랄 수는 없지 않은가. 여전히 배워야 할 게 많다. 재활을 비롯해 이곳에서 고통스러울 모든 과정은 오로지 나를 위한 것이다.

이런 생각을 하던 그 시절이 아마도 사고와 별개로 여전히 반짝일 나의 모든 하루를 기꺼이 마주하기로 한 때였을 거다.

많은 이의 마음을 성숙하게 포용하기 위해서는

내가 지금 처한 상황을 긍정하는 힘이 필요하다.

살아가다 보면

언제나 좋은 날만 가득할 수는 없는 법이니까.

가발 대신 덤벨, 미용 대회 대신
피트니스 대회 4관왕

오만 감정을 불러일으키던 미용실에서 그렇게 퇴사한 후, 나는 재활 운동에 매진했다. 몸이 건강해야 살아갈 날들이 고되지 않을 것이라 생각했다. 돈은 나중 문제였다. 내게 전부였던 미용실에 더 이상은 다니지 못할 만큼 커다란 변화가 닥쳤다는 현실을 받아들여야 했다. 그래서 더욱 간절히 건강한 신체를 원했다. 몇 날 며칠 인터넷만 찾아봤다. '무슨 운동부터 어떻게 시작하지?' 병원에서도 특별히 해야 할 건 없다고 했다. 재활 운동이라고 하니 떠오르는 것이 필라테스뿐이라 무작정 집 근처의 센터를 찾아갔다.

수업 첫날 선생님은 근심이 많아 보였다. 그리고 내가 특정한 동작을 어려워하자 다시 고민에 빠졌다. 서로 당황만 하다가 끝난 첫날 운동을 다녀와서 나는 다시 여러 고민에 빠졌다. '역시 내가 문제였을까? 선생님도 절단 장애인은 처음 지도해 보는 거라 그런가?' 아무래도 일반 센터가 아닌 장애인들이 운동하는 센터를 알아봐야겠다는 생각에 나는 다음 날 아침까지 밤을 새워가며 나에게 맞을 법한 센터를 알아봤다. 물론 장애인들 위주로 모집해 운동을 가르쳐주는 곳들은 있었다. 그러나 대부분이 수영, 탁구 등 특정한 종목을 가르치는 곳이었다. 나는 그저 일상적인 체력 증진과 척추측만을 교정해 줄 운동만 필요한 상황이라 끝내 내게 딱 맞는 곳을 찾지는 못했다.

거의 포기하려던 때, 우연히 들어간 블로그에서 몇백 개나 되는 글들을 모두 정독했다. 유레카! 드디어 찾은 것이다. 이 사람이라면 한 팔이 없는 내 몸을 제대로

지도해 줄 수 있을 듯했다. 시간은 어느새 새벽 세 시를 가리키고 있었지만, 나는 그에게 무작정 긴 문자를 남겼다. 예의 따위를 차릴 상황이 아니었다. 나는 지금 당장 내 몸을 고치고 싶었다. 가능하다면 지금 당장 운동을 나갈 수도 있을 정도였다. '답장이 영영 안 오면 어쩌지?' 걱정하고 있었는데, 다행히 그가 내 문자에 새겨진 간절함을 읽었는지 만나자며 답장을 보내주었다.

며칠 후 만나게 된 선생님은 나와 같은 상황에 처한 사람이었다. 그는 척수장애인으로 휠체어를 타고 있었다. 보디빌딩과 웨이트를 즐겨 하던 스물여덟 살, 나와 비슷한 나이에 사고가 난 후 역도와 테니스 종목으로 패럴림픽에서 금메달까지 수상한 이력이 있었다. 처음부터 나와 같은 장애인에게 운동을 배워도 괜찮은가 하는 불신은 없었다. 그보다는 상실에 대한 공통적인 감각을 지닌 그가 누구보다 장애에 대한 이해의 폭이 넓겠다고 생각돼 신뢰감이 생겼다.

지금부터는 이 선생님을 '박사님'이라고 부르겠다.

우리 사이의 아주 오래된 호칭이다. 나는 이 박사님과 운동을 시작하면서 자연스럽게 장애인들의 기초체력 혹은 근골격계질환자들의 재활 운동에 관심을 가지게 되었다. 재활 운동과 더불어 생리학 공부가 시작된 것이다. 박사님이 휠체어를 타니 자연스레 척수장애인의 인체와 생리학적인 문제들에 대해서도 알게 되었다. 내 몸에 관해서도 공부해 가며 운동해야겠다는 생각이 든 건 어쩌면 아주 자연스러운 수순이었다. 박사님으로부터 선물받은 인체의 구조와 관련된 책을 읽으면서 진짜 공부와 운동이 동시에 시작되었다.

하루는 운동하며 눈물을 뺐다. 나는 사고 때 몸을 구르면서 팔을 잃었기 때문에 '싯업'이라고 불리는 윗몸일으키기 동작을 할 때마다 두려움이 앞섰다.

'척추에 삽입된 핀이 부러져서 척추신경을 건드리면 어쩌지? 그럼 바로 전신마비인데?'

늘 그런 생각을 하면서 운동하다 보니 몸을 둥글게 마는 동작은 매번 무서웠다. 그날도 마찬가지였다. 복부와 척추를 둥글게 마는 운동을 하는데 더 이상 척추를 말아서는 안 될 것만 같은 느낌에 불안감이 엄습했다. 겁이 나서 도저히 운동이 되질 않았다. 머릿속 생각들이 나의 몸을 잔뜩 조이고 있었다. 박사님은 단호하게 호통쳤다.

"더 구르라고! 척추를 굴곡시키라고!"

순간 눈물이 왈칵 쏟아졌다. 답답한 몸뚱이와 두려운 마음이 똘똘 뭉쳐 정말이지 총체적 난국이었다. 박사님은 내가 운동하는 모습을 직접 확인하는 편이 좋겠다고 생각했는지 동작하는 모습을 찍어서 보여주었다. 세상에! 충격적이게도 나는 단 1cm도 움직이지 않고 있었다. 나름 척추를 둥글게 만들겠다고 몸을 잔뜩 숙였지만, 척추가 끊어지면 큰일이라는 두려움 때문에 실제로는 조금도 몸을 움직이지 않고 있었던 거다. 그야말로 웃픈 현실에 눈물은 쏙 들어갔고, '다치긴 개뿔! 더 움직여도 되겠다!'라는 안정감이 찾아왔다. 그렇게 나는 차근차근 자신감을 회복해 가고 있었다.

"재활 운동 끝나면 몇 년 후에 바디 프로필이나 찍을

까 봐요."

한참 운동에 자신감이 붙었던 내가 장난삼아 바디 프로필 이야기를 꺼내자 박사님은 한술 더 떠서 나에게 피트니스 대회 참가를 제안했다.

"네에? 저는 지금 근육량도 한참 부족한데, 무슨 피트니스 대회를 나가요?"

너무 놀라 웃음이 다 나오는 나를 보고 박사님은 누구에게나 처음은 있는 거라며, 생각이 아예 없는 것 아니면 해보라고 진지한 얼굴로 부추기기 시작했다. 내가 일생 동안 나가본 대회라고는 가발과 가위, 빗을 들고 나갔던 미용 대회뿐인데, 느닷없이 피트니스 대회 출전이라니. 그것도 한 팔이 없는 채로!

그런데 정말 신기한 일이다. 절대 못 할 일이라고 생각하자 문득 이런 생각이 반대쪽에서 스멀스멀 피어올랐다. '사고 이후에 장애 인식 개선을 위해서 힘쓰고 싶었는데, 이 도전이 그 시발점이 될 수 있지 않을까?' 지금 생각해 보면 어디서 그런 용기가 튀어나왔는지 모를 일이다. 주어진 시간은 3개월뿐이었고, 나는 뭐라도 해야 했다.

3개월이면 근육이 충분히 크기에 아주 부족한 시간이다. 그때의 나는 딱 두 가지만 생각했다. 대회를 꼭 완주하자. 그리고 장애 인식 개선을 위해 절단된 내 몸을 세상에 있는 그대로 보여주자.

물론 목표는 이렇게나 단순했지만, 3개월 동안의 일상은 그리 단순한 문제가 아니었다. 그야말로 고난과 역경의 연속이었다. 운동 구력이 없어 운동 자체가 너무나 힘들었다. 새 모이 정도밖에 안 되는 식단을 매 끼니 먹는 일도 엄청난 곤욕이었다. 그러나 내가 결심한 도전이기에 이대로 포기할 수는 없었다.

대회가 이틀 정도 남았을 때였다. 먹은 것이라고는 겨우 고구마 100g에 닭가슴살 100g뿐이었다. 체력이 너무 달렸다. 이런 식단으로 밥을 먹으니 먹으면서 소화가 다 되는 느낌이었다. 밥이라고 하기도 뭐한 것들을 먹고 뒤돌아서면 다시 배가 고팠다. 하필이면 이날은 큰 근육을 사용하는 하체 운동 날이었다. 20kg 덤벨을 쥐고 스쾃을 시작했는데 들자마자 모든 걸 그만두고 싶었다. 앞에서 카운트를 세주고 있던 박사님을 향해 더 이상 못 하겠다고 입을 떼려던 순간, 휠체어 위에 놓인 박사님의 앙상한 다리뼈가 보였다. 박사님은 이 근육통이 얼마나 그리울까? 지금 내가 걷고 운동하는 것 자체가 감사한 일이라는 사실이 오랜만에 상기되었다. 정신이 번쩍 들어 그날 운동은 정말 이를 악물고 해냈다. 대회 준비 기간 전체를 통틀어 지금까지도 가장 선명한 기억이다.

그리고 나는 기어코 피트니스 대회에서 4관왕을 하게 된다.

가지 못한 길은 미련으로 남는다더니

내 이야기를 들려줄 때마다 사람들이 유난히 놀라워하는 몇몇 부분이 있다. 그중 하나가 내가 고등학교 입학 일주일 만에 자퇴를 한 일이다. 당시 엄마는 혀를 끌끌 차며 이렇게 말했었다.

"교복비 영수증에 잉크도 안 말랐는데 그게 무슨 소리야! 학교도 네가 설득해서 미용과로 간 거면서 왜 또 그래?"

맞다. 엄마는 내가 일반 인문계 고등학교로 진학하길 원했지만, 나는 기어코 미용과가 있는 전문 고등학교를 택했다. 그런데 일주일 만에 자퇴 선언이라니. 엄마는 저런 변덕 때문에 학교까지 그만두고 들어간 미용실에서 과연 내가 얼마나 버틸 수 있을지 의문이었다고 한다. 그야말로 매서운 불신의 눈초리였다.

배울 게 많아도 너무 많았던 탓일까. 미용실에 입사하고 1년 정도 지날 때까지는 그만두고 싶다는 생각도 못 할 정도로 바쁘고 고단했다. 어느 정도 여유를 찾은 시기, 어느 한가로운 평일 오후였다. 나는 당시 2층이었던 매장에서 1층 거리를 내려다보고 있었다. 마침 하굣길이던 또래 친구들의 모습이 보였다. 문득 일주일도 채 못 입어본 교복이 그립다는 생각이 들었다. 이 그리움이 고등학교 생활을 하지 못한 것에 대한 후회이자 미련이었을까? 평일 내내 학교에, 학원에, 야자까지…. 다 끝나면 늦은 밤이어서 주로 주말에 약속을 잡는 친구들과는 점점 멀어졌다. 친구들과 약속 한 번 잡기가 힘들 때마다 나는 내가 아직 열일곱 살이라는 사실을 체감했다. 그새 사회생활에 익숙해졌는지 학생 신분의 친구들이 조금은 낯설게 느껴졌었다. 그런 생각들이 자라나던 때, 입사 1년을 채운 나는 원장님에게 선언했다.

"원장님, 저 학교 다니고 싶어요."

미용실을 그만두겠다는 이야기는 아니었다. 당시 알아본 학교 중에 2년제 학력 인정 학교가 있었다. 원장님이 아침 출근 시간을 조금만 양해해 주신다면 학교 다니면서 충분히 일도 할 수 있는 조건이었다. 이렇게 나는 오전에는 학교로, 오후에는 점심도 거른 채 미용실로 출근하는 그야말로 빡센 삶을 살게 되었다.

시간이 지나 디자이너로 근무할 때의 일이다. 하루는 미용실에서 열심히 일하다가 문득 바깥을 보게 되었다. 한여름, 시원한 커피를 손에 든 커플이 보였다. 마침 함께 일하던 인턴도 일에 치여 지쳐 보이고 식사 시간도 한참 지난 터라 미용실 위층의 카페로 달려갔다. 그리고 나는 그야말로 시장통이 따로 없는 카페 풍경에 압도되고 말았다. 토요일이라 그런지 사람이 많아도 너무 많았다. 미용실에서 일하는 나는 주말이 가장 바쁜 날이지만 일반적으로는 주말에 쉬는 사람이 많을 터였다. 커피만 사서 황급히 매장으로 돌아가는데 계단에서 많은 생각이 스쳤다.

'서비스직인데 당연하지. 찾아주는 고객이 많은 건 감사할 일이지. 일하러 왔는데 한가한 것보다는 바쁜 게 낫지!'

'주말에 평화롭게 힐링하고 있는 모습은 조금? 아니, 사실 많이 부럽네. 내가 졌다!'

두 가지 상반된 생각이 얽혔다.

그리고 다시 그로부터 몇 년 후. 난 사고로 병원 신세를 지게 되었다. 이때는 아침드라마부터 일일연속극, 주말드라마까지 방송사 시간대별로 모르는 드라마가 없었다. 병실에 어르신들이 많으니 그럴 만도 했다. 점차 뼈가 붙어 길거리를 걷기 시작할 무렵에는 카페에서 평일이든 주말이든 그간 못 마셔봤던 매장 커피를 즐기는 날들도 많았다. 물론 그런 시간 속에서도 어쩌다가 미용실 안 사람들의 모습을 보기라도 하면 어김없이 마음속에는 또 다른 부러움이 자랐다. 쉴 틈 없이 일할 때는 그렇게 주말 오후 매장에서 커피 마시는 사람들이 부러웠는데 지금은 그저 일하는 사람들이 부러웠다.

작년에 방영한 드라마 중 〈눈물의 여왕〉이라는 드라마가 있는데, 나는 그중에서도 용두리에 사는 순수한 시골 총각 영송의 대사들을 참 좋아한다.

"인생에는 각자 안고 가야 하는 돌멩이가 있는 거죠."

특히 이 대사가 내 마음속에 콕 박혔다. 내 인생에도 이런 돌멩이들이 걸음마다 놓여 있었기 때문이 아닐까 싶다. 고등학교를 자퇴하고 꿈을 찾아 미용실에 입사했을 때는 학생 신분이던 또래 친구들이 부러웠고 가장 바쁘게 미용 일을 할 때는 주말의 여유를 가진 사람들이 부러웠다. 그리고 사고로 남아도는 게 시간일 때는 다시 미용실 안의 바쁜 이들이 부러웠다. 이런 아이러니가 펼쳐질 때마다 누구에게나 가지 못한 길이 있다는 말의 의미를 곱씹고는 했다. 안고 가야 할 돌멩이는 정말이지 누구에게나 있는 모양이다.

"인생에는 각자 안고 가야 하는 돌멩이가 있는 거죠."

특히 이 대사가 내 마음속에 콕 박혔다.

내 인생에도 이런 돌멩이들이

걸음마다 놓여 있었기 때문이 아닐까 싶다.

4장

평범이라 불리는 기적

마음 돌보는 것만큼은 F

사고 후 미용실로 돌아와 다시 일하게 된 나는 곧 점장으로 승진했지만, 나의 아침 일과는 디자이너로 일할 때와 크게 다르지 않았다. 모닝콜이 울리면 일어나 비몽사몽인 채로 씻으며 잠에서 깼고 서둘러 출근했다. 한 가지 달라진 점이 있다면 의수를 착용해야 했기 때문에 옷 입는 시간과 씻는 시간, 준비하는 시간을 합치면 무려 한 시간이 더 걸렸다는 것이다. 마음처럼 따라와 주지 않는 몸이 답답하면서도, 익숙해지면 빨라지겠거니 하는 마음으로 의수에 몸을 끼워 넣는 날이 반복되었다.

서둘러 올라탄 지하철에서는 오늘의 예약 현황을 확인하느라 바빴다. 옆자리에 앉은 사람이 혹시나 내 딱딱한 의수에 팔을 부딪혀 불편해지진 않을지 연신 옆 사람 얼굴을 흘깃댔고, 아침 출근길이 지옥철일 때는 소위 말해 어깨빵을 당하지 않으려 미꾸라지처럼 이리저리 사람들을 피해 다녔다. 어렵사리 역에 내리면 스타벅스에 들러 아침밥처럼 챙겨 먹던 카페라테를 픽업해 매장으로 출근했다. 디자이너 때와 달라진 점이 있다면, 아무래도 관리자다 보니 다른 직원들보다 일찍 와서 문을 열고, 마지막까지 남아 직원들이 퇴근하기를 기다렸다가 매장 문을 닫으며 퇴근하는 일과 정도였다. 그런다고 월급을 더 받지는 않았다. 그러나 이 시기에는 디자이너 때와는 달리 매장 매출이 오르고, 모든 디자이너의 고객이 늘기를 바라는 새로운 목표와 바람이 생겼다. 나는 늘 매장의 모두를 살피고 그들에게 힘과 열정을 불어넣어 주려 노력했다.

오전에는 인턴과 디자이너가 모두 출근했는지 확인

했다. 이벤트가 있는 달이라면 전체 회의를 주관하며 조금 더 바쁘게 움직여야 했다. 회의가 끝나면 제품 주문할 것들을 추려 주문을 넣은 뒤 재고를 파악했다. 이후에는 예약된 고객들이 찾아왔을 때 자리를 안내하고 옷을 받아주는 일을 주로 했다. 점심을 먹지 못한 직원이 있지는 않은지 매장 안의 전체 상황을 살피며 누가 먼저 밥을 먹어야 하고, 누가 밥을 늦게 먹어야 하는지 알려주는 것도 나의 일이었다. 이건 특히나 아주 중요한 문제였다.

그렇게 직장인들의 퇴근 시간쯤이 되면 또다시 고객들이 밀려 들어온다. 요일마다 차이가 있긴 하지만 아침, 점심, 저녁 시간 때에 가장 고객이 몰린다. 그렇게 몇 번의 폭풍을 지나면 어느새 퇴근할 시간이다. 마감 정리를 하고 또다시 시작될 내일의 예약 현황을 확인하고, 마지막으로 인턴들의 쉬는 날을 점검하면 그제야 진짜 나의 퇴근이 찾아온다.

집으로 돌아오는 퇴근길 지하철은 출근길보다 한산했다. 그런데도 내 정신은 여전히 미용실에 가 있는 경우가 더 잦았다. 퇴근 후에도 업무와 관련해 생각할 것들은 늘 많았다. 몸은 퇴근했지만 정신은 여전히 미용실에 남아 온전히 퇴근하지 못하는 나날이 계속되었다. 아무래도 중간관리자라는 위치는 대표와 직원들 사이에서 여러 조율을 해야 하는 자리였기 때문에, 디자이너 때와는 다르게 퇴근 이후에도 신경 써야 할 것들이 많았다. 미용실에 소속된 한 명의 디자이너가 아니라 한 매장을 이끌어 나가야 하는 점장이라는 생각에 이것저것 생각할 것들이 꼬리에 꼬리를 물었다.

이때는 함께 일하는 동료들과 응대해야 하는 고객들의 심리가 궁금해 심리학을 공부하기도 했다. 굴지의 기업 CEO들의 자서전을 전자책으로 읽으며 출퇴근 시간을 보내기도 했다. 이런 하루하루가 매일 파란만장했고 때로는 지치기도 했지만, 보통의 사람들과 같은 일상을 산다는 게 그저 기뻤다. 병원에서 긴 시간을 보내며 고민했던 것들이 어느 정도 해결되었다고 느꼈기 때문이다. 병원 침대에 누워 내가 장애를 갖고서 제대로 일할 수나 있을지, 다시 일을 시작한다면 어떤 일을 해야 할지 늘 불안해하던 마음이 무색하게 퇴원 후 바로 직장에 복귀하여 일상생활을 해나가는 내가 한편으로는 무척이나 대견했다.

오전 회의를 마쳤는데도 예약 고객이 없는 어느 한가로운 날이었다. 우리는 각자의 위치에서 조금은 여유로운 시간을 보내고 있었다. 나는 안내 데스크 컴퓨터로 예약 현황과 이번 달 매출 현황을 확인하고 있었고, 디자이너들은 책을 읽거나 곧 찾아올 예약 고객을 맞을 준비를 하고 있었다. 인턴들은 가발에 디자인 연습을 하거나 매장 청소를 하던 때였다. 모처럼 함께 점심을 먹을 수 있겠다 싶었던 우리는 점심시간이 다가오자 삼삼오오 모여 근처 맛집들을 둘러보기 시작했다. 그때 나와 디자이너 생활을 함께했던 한 디자이너가 이야기를 꺼냈다.

"점장님, 일하는 거 힘들지는 않아요?"
"그럼요. 뭐 비슷하죠! 디자이너 때랑 일의 종류가

확실히 다르긴 해도 디자이너 생활을 했어서 그런지 점장으로서 뭘 도와줘야 할지 더 선명히 보이는 것 같아요. 제가 도움이 되고 싶어요."

함께 일하는 디자이너들 대부분이 나와 같이 디자이너 생활을 했던 터라 장애를 얻은 나를 안쓰러워하는 감정이 마음 한구석에 있는 듯 했다. 그런 마음을 알기에 더 잘해내고 싶었다.

그야말로 혼이 달아날 정도로 바쁜 주말이었다. 미용실에서 가장 많이 사용하는 물건 중 하나가 고무줄이다. 그래서 늘 대량으로 구비해 두는데, 한 직원이 애타게 고무줄을 찾는 게 아닌가. 몇 번이나 위치를 알려주었는데, 이후에도 직원은 여러 번 찾아와 똑같은 질문을 반복했다. 슬슬 화가 차오르기 시작한 나는 결국 참지 못하고 소리를 빽 질러버렸다. 나도 모르게 화를 내버리고는 내내 찜찜한 마음으로 일하다 보니 퇴근 무렵까지 아까 내지른 화가 신경 쓰여 여러 생각이 오갔다. 끝까지 그 직원에게 부드럽게 말할 수 있었더라면, 장난스럽게 상황을 정리할 수 있었더라면 얼마나 좋았을까. 당황해서 어쩔 줄 몰라 하던 직원의 얼굴이 떠올라 계속 괴로웠다.

때마침 떠오른 건 오래전 책에서 읽었던 '감정 일기'였다. 차분히 앉아 그때의 상황과 내 감정을 쓰다 보니 생각지도 못했던 이면의 감정들이 떠올랐다. 처음에는 그저 바쁜 토요일에 똑같은 말을 반복하게 만든 직원에게 화가 났다고만 생각했는데, 그 감정 이면에는 직원이 점장인 내 말을 무시하나 싶은 생각, 내가 지금은 디자이너가 아니라서 나를 쉽게 생각하나 싶은 생각들이 깔려 있었다. 직원이 내 말을 가볍게 듣고 흘린다고 생각했으니 순간 화가 치밀었던 거다. 결국 내가 상대의 마음을 넘겨짚고 확인도 하지 않은 채 일방적으로 화만 내버린 꼴이 되어버린 거다.

이런저런 마음을 정리한 다음 날, 나는 출근하자마자 그 직원을 찾아가 사과했다. 당황스럽고 속상했겠다고 운을 떼자 직원은 아니라며 손사래를 쳤다. 예약 일정이 꼬이는 바람에 정신이 없었고, 그래서 답변을 듣고도 계속 까먹었다며 정말 죄송하다고 사과까지 해주었다. 그렇게 우리는 짧은 대화로 오해를 풀 수 있었다.

이 일이 있고 나서 나는 그저 내 역할을 찾아내 일을 잘해내는 것과는 별개로 내가 내 안에 어떤 감정들을 품고 있는지를 되돌아보게 되었다. 감정을 곱씹으면 내가 느낀 진짜 감정이 무엇인지, 내가 진짜 원하는 것이 무엇인지를 알 수 있다. 그래서 마음속에 억눌린 감정들을 쌓아두고 억압하다가 한꺼번에 폭발시킨 후에 자책하거나 충동적으로 상대방에게 상처가 되는 말을 내뱉고 후회하는 일을 줄일 수 있다. 그간 나는 그저 일을 잘해내는 것에 몰입해 내 마음이 어떤 지점들에서 조금씩 상처 입고 있었는지 봐주지 못했던 거다.

운동을 하면서 그리고 이론적으로 몸에 대해 공부하면서 한 가지 깨달은 게 있다면 몸 근육과 마음 근육의 성장 원리가 같다는 사실이다. 근육도 결국은 상처로 성장한다. 상처 난 곳에 위성세포들이 붙으며 회복을 거치면 근육이 단단해지고 커지는 원리다. 그래서 우리는 운동하며 근육에 일부러 상처를 낸다.

    마음의 근육도 마찬가지다. 그러나 유일하게 다른 점이 있다면 마음의 상처는 내 의지와 상관없이 생겨난다는 거다. 그러니 마음에 생각지도 못한 상처가 났다면 얼른 그 생채기부터 돌보아야 한다. 결과적으로도 더 단단한 마음 근육이 생겨날 테지만, 그렇다고 마음을 너무 혹사하는 것도 좋지 않다. 잘해내고 싶은 욕심은 누구에게나 있다. 하지만 그로 인해 내 마음을 외면하고 내팽개치면 마음은 언젠가 의지와 상관없이 폭발해 버리고 말 거다.

의수 대신 용기를 장착했으니

때는 여름이었다. 나는 쉬는 날 TV를 보며 채널을 돌리던 중이었다. 장애를 주제로 한 뉴스가 순간 지나갔다. 이전에는 조금도 관심 두지 않았을 주제였지만 지금은 달랐다. 내가 장애를 지니게 된 이후부터는 '장애'라는 글자만 눈에 띄어도 시선을 두게 되었다. TV에서는 한 외국인이 나와 이렇게 말하고 있었다.

"한국에는 장애인이 없는 것 같아요."

순간 이게 무슨 소리인가 싶었다. 지금 이 채널을 보고 있는 나부터가 장애인이고 오랜 병원 생활에서 만난 사람들만 해도 수백 명이다. 때마침 소파 위에 놓인 의수가 눈에 들어왔다. 순간 이유를 알게 되었다. 내가 외출할 때 의수를 착용하면 스치듯 나를 마주하는 사람들은 내가 장애인인 것을 모를 수밖에 없지 않은가.

그럼 나는 왜 의수를 착용하는 걸까? 결국은 장애인처럼 보이지 않으려는 마음 때문이었다. 물론 의수 착용에는 여러 의미가 있다. 기능성 의수를 착용하면 더 많은 기능을 수행할 수 있게 되니 결론적으로 삶의 질을 높일 수 있다. 그러나 내가 의수를 착용한 이유는 분명했다. 남들에게 장애인처럼 보이는 게 싫어서였다. 혹시 남들이 나를 이상하게 쳐다볼까 봐, 징그럽다고 생각할까 봐 의수를 착용했던 내 속마음을 들킨 기분이었다.

의수 이야기를 하자면 이것만으로도 책 한 권을 쓸 수 있을 정도로 무궁무진하다. 그만큼 나는 의수에 많은 공력을 들였다. 재활병원에 있던 시절, 주문한 의수가 가짜인 게 너무 티가 나서 의수 업체에 무려 열 번도 넘게 컴플레인을 걸기도 했었다. 지금 생각하면 정말이지

진상 고객이었다. 하지만 어쩔 수 없었다. 나는 의수를 내 오른팔과 완전히 똑같이 만들고 싶었다.

"사장님, 의수 받아봤는데 팔뚝이 너무 두껍고요. 걸어 다닐 때도 팔이 흔들리지 않으니까 무슨 통나무 같아요. 팔꿈치 부분을 조금 더 부드럽게 만들 수는 없을까요? 팔에는 굴곡이 있는데 지금 의수는 너무 일자로 떨어져요. 모양도 다시 만져주실 수 있을까요?"

듣다못한 사장님이 정말 마지막 수정이라며 컴플레인을 수락하셨다. 의수는 수정을 너무 많이 해도 좋지 않기 때문이다. 모양은 진짜 팔과 똑같아도 내구성이 나빠지니까. 이 상태에서 더 고치다가는 길 위에서 팔이 그만 툭 하고 빠질 수도 있다며 경고하셨다. 생각만 해도 끔찍한 일이었다. 길을 걷다가 의수가 빠지면 내 멘탈과는 별개로 함께 길을 걷던 사람들이 놀라 자빠질 게 분명했다. 그렇게 의수에 대한 나의 무한 컴플레인은 간신히 멈춰졌다.

다음으로 내가 신경 썼던 건 의수 메이크업이었다. 진짜 팔에는 울긋불긋한 핏줄이 있다. 그런 면에서 내 의수는 영 마음에 들지 않았다. 팔 어디에서도 생기라고는 찾아볼 수 없었기 때문이다. 그래서 블러셔를 모으기 시작했다. 푸른 핏줄을 표현하기 위해서 초록색 아이라이너를 활용하는 창의성까지 발휘되었다. 심지어 한국에서는 팔지 않는 제품을 사기 위해 해외 직구까지 하는 열정을 보였다. 병원 사람들은 대부분 옷이나 생필품을 택배로 받았지만, 나는 어울리지 않는 화장품 택배를 때마다 한가득 받곤 했다. 그렇게 의수 메이크업을 위해 필요한 모든 색이 모였다. 파란색, 초록색 아이라이너와 빨간색 블러셔 그리고 갖가지 브러시들…. 나는 병원 침대에 붙어 있는 간이 테이블에 그것들을 깔고 의수에 색을 입히기 시작했다. 물론 생각처럼 쉬운 작업은 아니었다. 실리콘 재질인 의수는 브러시가 닿을 때마다 컬러가 벗겨졌다. 망연자실했다. 이런 의수를 끼고 다닐 생각에 막막했다.

그러나 이대로 모든 걸 포기할 수는 없었다. 그리하여 세운 세 번째 플랜이 바로 네일아트였다. 요즘은 네일팁들이 참 잘 나온다. 마음에 드는 네일팁들을 사서 의수에 붙여주었다. 물론 이것도 실리콘 재질이라 붙어 있는 시간이 길지는 않았다. 조금만 움직여도 바로 떨어졌다. 의수 업체에 전화를 해보니 그나마 오래 붙이고 있으려면 본드를 사용하면 되는데, 이 경우에는 반대로 네일팁을 고정하는 본드가 너무 강해서 자주 바꾸지는 못할 거라고 일러주었다. 게다가 네일팁을 장시간 붙이고 있게 되면 의수 색이 변할 것도 고려해야 했다.

누가 보면 쓸데없다고 생각할 수도 있을 갖가지 고민을 거쳐 나는 마침내 의수를 착용한 절단 장애인이 되었다. 이후에도 나는 이 의수가 내 진짜 팔처럼 보이길 희망하며 굉장한 노력을 기울였다. 오로지 잃어버린 팔을 감추기 위해 소비할 때도 있었다. 초기에는 왼팔이 없다는 걸 들키지 않기 위해 케이프 스타일의 겉옷을 많이 사들였다. 내가 그다지 좋아하는 디자인이 아니었는데도 불구하고 다양한 케이프 스타일의 코트를 색깔별로 구매했었다.

그런데 TV에서 외국인의 그런 이야기를 듣게 된 것

이다. 내 모습을 숨기기 위해 딱딱하고 무거운 의수를 착용해 가며 이렇게까지 노력하는 게 맞을까? 남들에게 두 팔이 있는 것처럼 보여진다고 한들 내 장애가 없어지는 것도 아닌데 말이다. 한번 시작된 고민은 길어졌다. 어느 순간 나는 있는 그대로의 내 모습을 받아들이고 살기로 마음먹었다. 의수를 벗은 내가 진짜 나니까. 이후 운동을 시작하면서는 의수가 정말 필요 없어지기도 했다.

처음 의수 없이 집 밖에 나서던 날이 여전히 생생하다. 옷을 챙겨 입고 신발장 앞으로 다가갔다. 이제 현관문만 열면 정말 세상에 나를 보여주는 것이었다. 현관문을 잡은 채로 한참을 생각했다. 사람들이 나만 보면 어떡하지? 웃어줘야 하나? 아니면 도도하게 못 본 척해야 하나? 아니면 같이 째려볼까? 화를 낼까? 정말 별의별 상상을 다 해봤다. 그런 상상만으로도 얼굴이 붉어졌다. 현관문 앞에 서서 그냥 다시 의수를 착용하고 나갈까 하는 생각을 얼마나 많이 했는지 모른다. 얼마나 지났을 사람들은 나에게 별 관심이 없었다.

그저 나의 도끼병이었던 거다. 그때 깨달았다.

남의 시선 신경 쓰지 않고 산다는 게

생각만큼 어렵지 않다는 사실을.

까. 나는 두 눈을 질끈 감고 '기꺼이 내 모습으로 살자. 남의 시선 신경 쓰지 말자!' 되뇌며 문을 벌컥 열었다.

저 멀리, 드디어 사람들이 보이기 시작했다. 동시에 내 심장도 쿵쾅대기 시작했다. 나를 어떻게 바라볼까? 마치 숙제 검사를 받는 어린아이가 된 것만 같았다. 드디어 얼굴 인식이 가능한 거리까지 가까워진 사람들. 곁눈질로 그들의 표정을 살폈다. 걱정이 무색하게 그들은 자기들끼리 웃고 떠드느라 나를 쳐다보지도 않았다. 이후 길에서 만난 사람들도 마찬가지였다. 다들 핸드폰 보느라, 일행들과 이야기하느라, 어딘가로 향하느라 바빴다. 사람들은 나에게 별 관심이 없었다. 그저 나의 도끼병이었던 거다. 그때 깨달았다. 남의 시선 신경 쓰지 않고 산다는 게 생각만큼 어렵지 않다는 사실을.

내가 그때 의수 벗는 걸 생각조차 해보지 않았더라면 나는 그 무겁고 딱딱한 것을 여전히 착용하며 내 장애를 가리느라 바빴을 거다. 이렇게 생각하니 그때 의수 벗기를 시도해 준 나에게 정말 고맙다. 남의 시선보다 중요한 건 내가 나 자신을 제대로 봐주는 일이다. 내가 나를 있는 그대로 인정해 주는 것. 그래야 진정 행복한 삶도 가능해지는 것 아닐까.

어서 와라, 나의 두 번째 아홉 살, 열 살 그리고 스무 살

엄마와 만나 밥을 먹으며 사고 전에는 절단 장애인을 한 번도 못 본 것 같다는 이야기를 한 적이 있었다. 그런데 엄마가 뜻밖에도 이런 이야기를 들려줬다.

"너 기억 안 나? 중학교 1학년 때인가, 버스에서 본 적 있어."

엄마와 버스를 타고 가던 길. 두 손가락이 없는 사람을 본 내가 흠칫 놀라 엄마의 옆구리를 쿡쿡 찌르며 눈짓했다고 한다. 한술 더 떠 버스 뒤편으로 가면서도 이렇게 외쳤다고 한다.

"엄마! 저 아저씨 손가락이 이상해!"

어린 시절이라 그런지 나에게는 전혀 기억이 없다. 나에게 장애라는 건 그런 것이었다. 보고도 기억하지 못하고, 나와는 전혀 관련 없는 분야. 장애를 얻기 전 나는 장애인을 어떻게 묘사했던가. 생각해 보면 나는 지적장애는 물론 휠체어를 타고 다니는 모든 사람을 장애인으로 분류했었다. 그가 노화 때문에 휠체어를 타게 되었는지, 척수 신경에 마비가 와서 휠체어를 타게 되었는지 몰랐고 관심도 없었다. 그 자리에 내가 앉게 될 거라고는 전혀 생각해 보지 못한 사이, 나는 한 팔을 잃었다.

이렇게 장애인이 된 후에는 나와 비슷한 종류의 장애든 완전히 다른 종류의 장애든 장애를 지닌 모든 사람에 관심이 간다. 저 사람은 어떻게 다쳤을까? 선천적인 장애일까? 후천적인 장애일까? 어느 통계에 따르면 오늘날 장애인 중에는 후천적인 경우가 무려 80퍼센트를 넘는다고 한다. 그래서일까. 다른 장애인들을 만나면 왠지 모를 동질감이 느껴진다. 그들을 진심으로 응원하게 된다. 나에게 장애가 영영 찾아오지 않았더라면 이전처럼 이 분야에 큰 관심 두지 않은 채 살아갔을 거다. 이젠 빼도 박도 못하는 신세가 되었으니, 예전의 나와 같은 이들에게 우리의 이야기를 어떻게 들려주는 게 좋을까 매번 고민하게 된다. 한 팔을 잃기 전에는 몰랐던 세상. 내가 다양한 매체에 자주 노출되면 이런 장애에 관해 사람들이 더 친숙하게 느끼지 않을까? 그래서 시작한 것이 유튜브와 방송 일이었다.

하루는 방송 촬영이 끝나고 진한 메이크업을 한 채로 집에 가기 위해 엘리베이터를 탔는데, 여섯 살 정도 되어 보이는 여자아이와 아이 엄마가 함께 있었다. 아이는 내 얼굴을 연신 빤히 바라보고는 시선을 내려 왼팔이 없는 내 어깨 쪽을 훑었다. 그러고는 엄마의 옷자락을 당기더니 뒤로 가 무언가를 속삭이는 게 아닌가. 엄마가 들려주었던 이야기가 번뜩 스쳤다. 내가 어린 시절 버스에서 절단 장애인을 마주한 이야기. '맞아, 나도 이

내가 어린 시절 보았거나 머릿속에 각인되어 있던

장애인의 이미지는 불쌍하고 투박한 것이었다.

색으로 따지면 회색 같은 이미지였다.

그래서 더더욱 그 아이에게 장애는 알록달록했으면 했다.

런 적이 있었지?' 뭐라도 해야 한다는 생각이 들었다. 어떻게 저 아이에게 장애란 낯설지만 무섭지 않은 거라는 걸 이야기해 주지? 엘리베이터가 빠르게 움직일수록 내 마음은 더 급해졌다. 나는 운을 뗐다.

"안녕, 언니 팔 없는 게 신기하지?"

아이는 엄마 눈치를 한 번 보더니 대꾸했다.

"네, 다쳤어요?"

"맞아, 다쳐서 지금은 한 팔만 있어. 그러니까 항상 엄마 말씀 잘 듣고 안전히 다녀야 한다! 안녕!"

엘리베이터가 도착하는 바람에 아이의 표정도 제대로 보지 못하고 급하게 헤어진 것이 못내 아쉬웠지만 용기 내 나름 하고 싶었던 말은 건넸기에 스스로 뿌듯했다. 아이에게 장애인은 무섭거나 이상한 사람이 아니라는 걸 알려준 듯해 마음이 놓였다. 내가 어린 시절 보았거나 머릿속에 각인되어 있던 장애인의 이미지는 불쌍하고 투박한 것이었다. 색으로 따지면 회색 같은 이미지였다. 그래서 더더욱 그 아이에게 장애는 알록달록했으면 했다.

내가 장애를 얻고 달라진 점이 있다면 뭘까? 한 팔을 잃었지만 두 팔이 모두 있을 때보다 세심해졌고, 시야도 넓어졌다. 어린 시절을 떠올려 보면 나는 유난히도 또래보다 어른스러운 친구들을 좋아했다. 그 아이들과 이야기를 나누다 보면 내 마음까지 따뜻해지는 느낌이었다. 그런데 신기하게도 그런 친구들은 높은 확률로 할머니, 할아버지와 함께 지낸 적이 있거나 가족 중 아픈 사람이 있었다. 그들에게는 시야를 함께 넓혀줄 사람이 있었던 거다.

올해로 벌써 나는 두 번째 일곱 살을 맞이했다. 병원에서 일상을 보내며 고된 재활훈련을 하던 시기 이런 생각을 한 적이 있다.

'그래, 난 이제 막 태어난 아이와 다를 게 없어. 지금은 모든 것이 서투를 거야. 그래도 조급해하지 말자. 두 팔로 살아온 세월만큼 지나면 모든 게 자연스레 빨라져 있을 테니까.'

그렇게 고단한 내 삶에 응원을 건네곤 했었다. 사고 이후 새롭게 시작된 두 번째 인생. 흔히들 말하는 '인생

2회 차'에 들어섰으니 당연히 성숙해질 수밖에 없다. 물론 변치 않고 능숙한 것도 있지만.

나는 한 팔로 생활하는 지금도, 두 팔로 살아가던 과거에도 늘 금손이다. 손으로 하는 건 뭐든지 잘하는 편이다. 지금도 가끔 내 머리를 혼자서 다듬는다. 예전처럼 기교를 부리지 못하고, 정확한 커트 선을 내지도 못하지만 내 머릿속에는 여전히 커트 도해도가 박혀 있다. 한 팔인 지금도 친구들과 여행을 떠나면 모두의 헤어스타일링은 내 몫이다. 내 친구들만의 특권이랄까. 한 손으로 만들어내는 스타일링이라 예전보다 시간이 조금 더 걸리기는 하지만, 결과물만 놓고 보면 이전의 전문적인 스타일링과 비교해도 손색없을 정도다.

하루는 친구가 집에 놀러 와 염색을 부탁했다.

"한 팔이나 두 팔이나 김나윤은 김나윤이지!"

친구가 부탁한 색은 유난히 손이 많이 가는 컬러였다. 몇 가닥씩 블리치를 넣고, 헹구고, 다시 컬러를 두 가지 이상 조합하는 어려운 기술이 필요했다. 나는 괜히

오기가 생기기 시작했다. 한 손으로 해내고야 말겠다고 다짐했다. 미용실에서 일할 때는 한 번도 느껴보지 못한 기분이었다. 마지막 샴푸까지 마치자 친구가 딱 한 마디 해주었다.

"이거 돈 줘야겠는데?"

그렇다. 나는 여전히 금손이다.

두 팔의 김나윤도 한 팔의 김나윤도 다름없이 김나윤이라는 건 변함없는 사실이다. 그러나 한층 성숙해진 '김나윤 2.0'으로 살아가고 있는 지금, 앞으로의 날들이 더 기대된다. 앞으로의 계절을 보내면서 나는 얼마나 더 따뜻한 사람, 어른스러운 사람, 좋은 사람이 되어 있을까. 그러니 나의 두 번째 아홉 살도, 열 살도, 스무 살도 어서 와라!

광배근은 없습니다만

내가 생각해 본 적도 없던 피트니스 대회에 출전했던 2021년 9월 이야기를 조금 더 구구절절하게 풀어내 보고 싶다. 앞에서도 이야기했지만, 미용 실력이 아닌 근육을 뽐내는 그런 대회에 재활 운동을 갓 마친 내가 나서기로 한 건 그 시절 나의 운동을 지도해 주었던 박사님의 권유와 장애 인식을 개선하고픈 마음이 있어서였다. 나는 기존 선수들처럼 근육이 많지 않은데도, 심지어 한 팔이 없는데도 이 대회에 출전했다. 장애인들도 다른 이들과 다를 것 없이 세상을 살아가고 있는데 왜 그들의 사는 모습은 드러나지 않지? 갑갑함과 갈증에 출사표를 던졌던 거다.

　호기롭게 시작한 운동이었지만 힘든 날은 계속되었다. 처음 하는 운동에 척추에 박힌 핀들 주위가 아팠고, 다이어트 식단은 양이 너무 적었다. 배가 고파 제정신이 아니어서 꿈속을 걷고 있는 듯한 착각을 할 때도 있었다. 대회가 얼마 남지 않은 8월 21일은 내 생일이었는데, 그때도 맛있는 음식은 먹지 못했다. 친구들과 함께 집에서 조촐한 파티를 열었지만 애석하게도 나는 닭가슴살 케이크를 먹어야만 했다. 말이 닭가슴살 케이크지 그냥 삶은 생닭, 파프리카, 고구마 몇 덩이 위에 초만 꽂은 모양새였다. 물론 친구들은 피자며 치킨이며를 시켜서 먹을 수 있도록 해주었다. 놀랍게도 당시에는 먹고 싶다는 생각이 전혀 들지 않았다. 그저 빨리 이 대회가 끝났으면 하는 생각뿐이었다. 친구들은 먹는 걸 그렇게나 좋아하는 네가 어떻게 음식을 다 참냐며 신기해했다.
　조촐한 축하가 끝난 후 우리는 운동복으로 갈아입고

집 근처 하천을 따라 뛰었다. 정말 다시 생각해도 기가 막힌 생일 파티였다. 숨이 턱끝까지 차올랐다. 6월부터 다이어트를 시작해 빠짐없이 천을 따라서 뛰다 보니 새삼 시원한 바람이 나를 응원하는 듯했다. 그때마다 친구들은 같이 대회를 나가는 것도 아닌데 함께해 주었다.

이렇게 몸을 만드는 일도 중요하지만 대회에 나가면 무대 위에서 포징을 해야 하는 미션이 있다. 그 포즈에 맞추어 심사가 되다 보니 포징 연습도 너무나 중요했다. 얼마 남지 않은 대회인데, 첫 출전이다 보니 챙겨야 할 것들이 너무 많았다. 감사하게도 내 인스타그램의 병상 일기를 보고 전문적인 포징 수업을 하는 선생님이 연락을 주셨다. 그는 재능 기부 형식으로 나를 도와주고 싶다고 했다. 일이 술술 풀렸다. 모두에게 연신 감사하며 준비해 낸 대회였다.

이후에는 누군가 나를 제보해 〈순간포착 세상에 이런일이〉라는 방송 프로그램에도 출연했다.

"거기는 신기한 강아지들 나오는 곳 아닌가요?"

섭외 전화를 받은 나의 물음에 담당 피디님은 크게 웃으며 여러 개성 있는 사람들도 출연하고 있다고 일러주었다. 내 생에 방송 출연을 다 하다니. 한편으로 영상 기록 하나쯤 남겨도 좋을 것 같다는 생각이 들어 수락했다. 촬영팀은 운동하는 과정은 물론 일거수일투족을 따라다니며 카메라에 내 모습을 담아냈다. 그렇게 기다리고 기다리던 대회 날이 밝아왔다.

대회가 열리는 장소는 담양이었다. 그간 코로나 시기라 취소된 대회들이 많았어서, 지금껏 준비했는데 이 대회도 취소되는 건 아닌가 불안했지만 다행히 대회는 열렸다. '탄'이라고 불리는 검은 크림을 온몸에 바른 나는 비키니 출전복을 입고 열심히 몸을 펌핑했다. 나는 장애인 종목을 비롯해 비키니 종목과 미즈비키니라는 종목에 출전했기 때문에 경기복도 두 개였다. 비키니는 말 그대로 투피스의 경기복을 입고 규정된 포즈를 취한 후 무대에서 내려오면 된다. 그리고 미즈비키니는 마치 '빅토리아 시크릿' 쇼처럼 도구나 사물을 이용해 규정된 포즈 외에 다른 포즈들도 함께 표현해야 하는 종목이었다. 두 종목의 포즈가 달라서 자칫하면 헷갈릴 수 있었기에 나는 백스테이지에서 계속해서 연습을 반복했다. 드디어 나의 참가번호가 불렸다. 첫 순서는 장애인 부문이었다. 내가 이 대회를 택한 이유도 바로 이 장애인 부문이 있었기 때문이었다. 물론 나는 비장애인과도 겨뤄 보고 싶었기 때문에 일반부도 신청해 둔 상태였다.

첫 무대를 마치고 내려오니 떨리기보다는 정신이 더 바짝 차려졌다. 다음으로 출전한 비키니 부문은 쇼트, 미들, 톨로 체급이 나뉘는데 나는 톨 체급이었다. 그리고 세 번째 종목이었던 미즈비키니까지 출전이 이어졌다. 마지막 미즈비키니 종목에서 모든 체급의 1위들이 경쟁한 뒤 그들 중 1위를 다시 뽑는 시간이 찾아왔다. 이미 장애인 부문, 비장애인 부문의 비키니 부문, 미즈비키니 부문에서 1위를 수상한 나는 여전히 얼이 나가 있었다. 세 명 중 3위가 먼저 발표되고, 2위 발표를 기다리는 동안 나는 속으로 '와, 설마 내가 2위야? 뭐야, 어떻게 이런 일이?'를 연신 반복하고 있었다. 그런데 맙소사! 정적이 꽤 오래 이어졌다고 생각한 순간, 쩌렁쩌렁한 목소리가 울려 퍼졌다.

"1위 챔피언, 김나윤!"

정말 아무 생각도 나지 않았다. 내가 피트니스 대회 4관왕이라니. 사회자가 1위 소감을 물어 얼결에 마이크를 잡은 나는 이렇게 말했다.

"비록 제가 장애를 지니긴 했지만 삶을 계속해서 건강하게 영위하기 위해 필요한 건 운동이라고 생각했습니다. 운 좋게 상을 받을 수 있었던 것 같아요. 정말 감사합니다!"

사실 그 순간만큼은 내가 무슨 말을 했는지도 잘 기억나지 않는다. 나중에 찍어둔 영상에서 얼떨떨한 표정으로 버벅거리는 나를 보고 한참이나 웃었다. 내가 이런 상을 받게 될지는 전혀 상상조차 못 했기 때문이다. 대회를 완주한 것만으로도 세상을 다 가진 듯 기뻤을 텐데 이렇게 운 좋게 4관왕까지 되다니. 너무 기쁘니 당시에는 모든 게 실감 나지 않는 상태였다.

코로나 시기였던 터라 함께 온 친구들은 대회장이

아닌 밖에서 화면을 통해 나를 지켜보고 있었는데, 1위가 발표되는 순간 친구들이 내지른 소리가 대회장 안까지 들려왔다. 내 일처럼 기뻐해 주는 친구들의 얼굴을 보니 새삼 내가 1위를 했다는 사실이 피부로 느껴졌다. 함께 고생해 준 친구들 그리고 포징 선생님, 박사님께 감사하다는 말을 전한 후에야 나는 마른 목을 적셨다. 마른 장작 같던 몸이 이제 제 기능을 하는지 배에서 밥 달라고 아우성이었다. 위치가 담양이니만큼 지역에서 유명한 떡갈비를 먹고 우린 서울로 출발했다.

나의 장애를 숨기지 않기 위해 시작한 도전은 생각보다 파장이 컸다. 방송이 나간 뒤 많은 인터뷰가 잡혔고, 방송사마다 섭외 연락이 왔다. 물론 지금도 당시 대회 사진을 보면 근육이 부족하다고 느낀다. 지금 내 몸에도 만족하지 못하는 내 성향으로 봤을 때, 내가 그 당시 두렵다고 혹은 아직 준비가 덜 되었다고 생각해 대회에 도전하지 않았다면 이런 영광스러운 순간은 영원히 경험해 보지 못했을 거다.

대회를 준비하는 나에게 엄청난 스트레스를 안겨줬던 왼쪽 광배 근육도 떠오른다. 광배근은 우리 몸에 있는 큰 근육 중 하나로, 허리 아래쪽에서 양 옆구리를 지나 팔 밑부분까지 이어지는 삼각형 모양의 근육이다. 그런데 왼팔이 없는 나는 사실상 광배근이나 왼쪽 어깨 근육을 만들 수 없었다. 이런 상실감이 대회 준비 내내 나를 따라다녀 끊임없이 대회 참가를 망설이게 했다. 대회 평가 기준에 몸의 모양은 당연히 있을 텐데? 그렇다면 나의 오른쪽과 왼쪽은 차이가 너무 명확한데? 한쪽 광배근 발달이 안 되니 몸의 균형이 더 무너지는 건 아닐까? 고민은 끝도 없이 이어졌다.

그러나 나는 대회 참가를 포기하는 대신 어떻게 근육을 쓰고, 어떤 식으로 운동해야 할지 찾아보는 방향을 택했다. 내게 없는 것에 초점을 맞추기보다 내게 있는 것에 집중해야 했다. 그때부터는 사라진 왼쪽 팔의 근육 운동을 제외하고, 내가 움직일 수 있고 키울 수 있는 근육 운동에 더 집중했다. 만약 내가 왼쪽 광배 운동을 하지 못하니 대회에 출전하는 것은 의미가 없다며 그만둬

야겠다고 마음먹었다면 지금의 나는 어떤 모습을 하고 있을까.

　상상은 누구든 할 수 있다. 계획 또한 누구든 잘 세울 수 있다. 그러나 나아가 실행하는 사람에게 결국 빛이 찾아오기 마련이다.

나는 대회 참가를 포기하는 대신 어떻게 근육을 쓰고,

어떤 식으로 운동해야 할지 찾아보는 방향을 택했다.

내게 없는 것에 초점을 맞추기보다

내게 있는 것에 집중해야 했다.

공주병은 아니지만 멘탈은 좀 센 편입니다

 대회가 끝나고 쌀쌀해진 날씨에 두꺼운 아우터를 껴입고 조깅을 하러 나섰던 때다. 대회 이후에 맛있는 음식들을 즐기느라 어느 정도 무거워진 상태라 이제는 정말 뛰어야 한다고 몸이 아우성을 치는 듯했다. 아침 조깅을 하러 나간 발걸음은 꽤 가벼웠다. 아침이라 그런지 사람들도 꽤 붐볐다. 슬슬 몸에서 열이 나기 시작해 두터운 플리스를 벗어 허리에 꽉 둘러매고 뛰는 중이었다.
 그때 맞은편에서 뛰어오던 중년의 남성과 눈이 마주쳤다. 그의 눈이 곧 나의 허전한 어깨 쪽을 훑었다. 순간 직감할 수 있었다. 그가 나를 계속 쳐다볼 것이라는 사실을. 마침 반환점에 다다른 나는 몸을 휙 돌려 뛰어 온 길을 되돌아갔다. 역시나 내 예상은 빗나가지 않았다. 분명 앞으로 뛰고 있던 남성이 뒤를 돌아 백스텝으로 나를 보며 뛰기 시작했다. 선글라스 때문에 눈동자까지 자세히 보진 못했지만, 신기한 듯 나를 쳐다보는 듯한 그 느낌은 도저히 지울 수가 없었다. 순간 어울리지 않게 나는 웃음이 터지고 말았다. 내 모습이 그렇게나 유니크한가? 생각지 못하게 머릿속 말이 입 밖으로 튀어나왔다.

"신기해서 쳐다보시는 거예요?"

중년의 남성은 헛기침을 몇 번 하더니 다시 뒤를 돌아 천천히 뛰어 떠났다. 그는 끝내 질문에 답하지 않았지만 나는 외쳤다.

"저는 다쳐서 그래요!"

나는 이렇게 외치며 아저씨를 앞질러 뛰어갔다. 정말이지 웃픈 상황이었다.

물론 사고 이후 남의 시선 따위 신경 쓰지 말자고 수

천 번은 더 되뇌었지만 모든 상황에서 그 다짐이 힘을 쓰는 건 아니었다. 앞으로 살아가며 어김없이 이런 시선들을 마주하겠구나 싶은 생각이 들었다. 아침 조깅을 하며 만난 아저씨의 경우는 생각보다 기분이 나쁘지 않았지만, 아마도 그때 내 마음이 평온했기에 가능한 일이었을 거다. 혹시나 내 기분이 나쁠 때, 우울할 때 이런 시선까지 마주했다면 어땠을까? 그때도 이렇게 웃어넘길 수 있었을까? 그럼 나는 어떤 마음가짐을 지니고 살아가야 할까?

사람들의 시선에 관해 들려줄 이야기는 많다. 유튜브에 업로드할 여행 브이로그 콘텐츠를 찍었던 때의 일이다. 카메라 앵글 뒤에 한 외국인 남성이 걸렸는데, 그가 내 절단된 어깻죽지를 가리키며 옆 사람에게 무언가 말하는 장면이 카메라에 함께 찍혀 있었다. 업로드된 영상의 댓글 내용은 가지각색이었다. 첫째, 나였어도 쳐다봤다. 둘째, 외국인이라 쳐다본 거다. 셋째, 예뻐서 쳐다본 거다.

물론 의수를 착용하던 시절이라고 이런 시선을 느끼지 못한 건 아니다. 여느 때처럼 지하철로 출근하던 길이었다. 자리가 비어서 앉았는데, 순간 내 의수가 옆에 앉아 있던 사람을 스친 모양이었다. 내 의수는 팔을 모으는 기능이 없어 반대 손으로 의수를 미리 잡았어야 했는데 급한 마음에 그 과정을 잊은 거다. 나는 그 사람의 시선을 고스란히 느낄 수 있었다. 죄송하다는 의미로 고갯짓을 했다. 그는 나의 얼굴과 의수를 번갈아 가며 곁눈질했다. 그러더니 한술 더 떠, 맞은편 자리가 나자마자 그곳에 앉아 나를 뚫어져라 쳐다보기 시작하는 게 아닌가. 그때의 시선은 너무나도 민망했다. 의수가 많이 딱딱했나? 사람 팔 같은 느낌이 아니라서 옆좌석이 영 불편했나? 아니면 의수가 피부에 닿았을 때 실리콘 재질이 소름 돋았나? 여러 생각이 꼬리를 물고 이어졌다. 그 일이 있은 뒤부터 나는 지하철 좌석의 맨 왼쪽 칸에 앉는 습관이 생겼다. 사람들이 던지는 무언의 눈빛들 속에서 그들의 생각을 온전히 느낄 수 있었기 때문이다.

그런데 아이러니하게도 대외적인 행사 자리에서는 또 180도 다른 눈빛들을 마주했다. 너무 멋있다, 한 팔이 없다는 게 믿어지지 않는다, 정신력과 마음가짐이 부럽다…. 그럴 때마다 혼란스러웠다. 지하철이든 행사장이든 내 모습은 언제나 같은데 왜 어디서는 귀신이라도 본 것 같은 반응을, 어디서는 위인이라도 된 것 같은 반응을 받는 걸까.

내가 운영하는 유튜브 속 댓글 반응도 천차만별이다. 물론 대부분은 긍정적이지만 일부 부정적인 반응도 없지는 않다. 내가 민소매 차림으로 밥을 먹는 영상에서도 불편한 시선을 적어 내려가는 사람들이 있으니까. 처음 그런 반응을 마주할 때는 물론 속상하고 마음이 아프기도 했다. 화도 많이 났다.

그러나 생각해 보면 사고 전에도 같은 나를 두고 각기 다른 반응을 드러내는 사람들은 늘 있었다. 한 가지에 몰두하면 주변 상황이 눈에 잘 들어오지 않는 나의 성향을 두고서도 물불 가리지 않는 열정이 멋있다는 반응과 주변을 돌보지 않은 채 홀로 성과 내는 사람은 인간적이지 않다는 반응이 갈렸다. 물론 이런 나에 대해 무관심으로 일관하는 사람들도 있었다.

    나의 장애를 바라보는 시선도 이와 다르지 않은 것 아닐까? 이제 이런 상황을 어떻게 대해야 하는지도 명확해졌다. 나를 향한 아프고 고통스러운 시선에 일일이 대응해 가며 나의 가치를 깎아내거나 스스로 위축될 필요는 전혀 없다. 사람은 자신이 원하는 대로, 바라는 대로 상황을 받아들이고 바라본다. 그뿐인 거다. 내가 나인 건 그들의 시선과는 별개의 일이다. 남들 시선 따위 신경 쓰지 않고 나의 삶을 살아가되, 가끔 그런 불편한 시선이 가슴에 박힐 때는 이렇게 생각해 보면 어떨까?

    '내가 그렇게 예쁜가?'

5장

무너지지 않는 삶의 아름다움에 관하여

내 본업이 뭐였더라

2021년 장애를 지닌 채 피트니스 대회에 참가하면서 나의 삶은 나를 이전과는 조금 다른 방향으로 인도하고 있었다. 운 좋게 대회에서 4관왕이라는 타이틀을 거머쥐며 여러 방송사와 인터뷰하고 방송 출연도 하며 <세상을 비집고 - 해외 원정대>라는 EBS 프로그램의 고정 MC로도 활동했다. 대회 이후 시작한 유튜브까지 활발히 하게 되면서 지금은 동기부여 강사로 강연을 하며 많은 이들을 만나고 있다. 물론 운동도 계속하고 있다. 비장애인과 겨루는 대회였던 피트니스 대회에서 더 나아가 장애인들과 경쟁하는 대회인 장애인 배드민턴 전국체전에 출전하기도 했다. 2022년 울산에서는 초심자의 행운이었는지 첫 도전 만에 무려 동메달을 목에 걸기도 했다.

사고 이전 나의 본업이 헤어디자이너였다면 지금은 각기 다른 분야의 일을 참 많이도 병행하고 있다. 대학 강연이 잡혀 있던 어느 날, 대학 쪽에서 미리 홍보물을 제작해 둬야 한다기에 나의 프로필을 전달했다. 그런데 담당자는 아무래도 한 문장으로 딱 떨어지는 타이틀을 원하는 것 같았다.

"강사님, 그럼 메인 타이틀을 뭐라고 적어드릴까요?"

잠깐의 정적이 흘렀다.

"음, 아무래도 사람들에게 가장 많이 알려진 건 '피트니스 선수 김나윤'이겠죠? '피트니스 선수'로 적어주세요."

어느새 사람들에게 가장 잘 알려진 나의 직업이 본

업이 되어가는 듯했다. 돌이켜 보면 나는 10년간 헤어 디자이너였는데, 운동을 시작하고 1년도 안 되어 출전한 피트니스 대회가 나를 본업이 피트니스 선수인 사람으로 만들었다.

물론 그 과정에서 나만이 느끼는 혼란도 있었다. 나는 진짜 운동선수가 되고 싶은 건가? 선수가 된다면 피트니스 선수? 배드민턴 선수? 아니면 처음 체육학과를 선택했을 때의 마음처럼 체육학과 교수가 내 꿈인가? 학과 과정 안에서도 비장애인이 아닌 장애인의 움직임을 연구하는 특수체육 쪽으로 가야 하나? 프리랜서 트레이너로 일하는 지금처럼 회원들의 건강한 몸을 만들어주는 게 내 꿈인가? 그것도 아니면 개인 방송을 열심히 해서 더 많은 사람에게 나를 알리고 장애 인식을 개선하려는 꿈을 꾸고 있나? 그래서 대체 나의 본업은 무엇일까.

여전히 이 질문에 대한 뚜렷한 답을 내놓지는 못하고 있다. 이렇게 앞이 뿌옇고 답이 떠오르지 않을 때 쓰는 나만의 치트 키가 하나 있는데, 최대한 여러 사람의 의견을 듣고 나만의 방식으로 받아들여 답을 찾아가는 것이다.

내 친한 친구 중 한 명은 회사원이지만 회사에만 자신의 열정을 쏟는 것에 대해 굉장히 부정적이다. 오히려 자신은 자연과 함께일 때 행복하다고 한다. 학창 시절부터 항상 성적이 상위권이었던 친구는 안정적인 직업에 연봉도 꽤 많다. 그런데도 도심보다 산과 바다에 있을 때 훨씬 행복하다는 걸 깨달은 친구는 평일 서울 일정이 끝나자마자 부리나케 산과 바다로 떠나 진짜 행복을 찾는다. 회사 일에 크게 연연하기보다 자연 속에서 자신의 모습을 진정으로 즐긴다.

이 친구를 보며 내가 다시 정의한 본업이란 어떤 일에 열정을 쏟되 그것이 꼭 돈으로 이어지지 않더라도 즐겁고 의미 있는 일을 하는 것이다. 그런 의미에서 나는 지금 해내고 있는 대부분의 일에 열정적이다. 그렇다면 한 가지 일만 잘하는 것보다는 여러 업으로 여러 가지 일을 해내고 있는 내가 조금 더 멋있는 것 아닌가?

운동하며 땀 흘리는 나도, 장애인들로 꾸려진 패널들과 함께 프로그램을 만들어가는 나도, 강연자로 무대 위에서 사람들에게 내 이야기를 들려주고 울림을 주는 나도 멋지다. 유튜브를 통해 절단 장애를 지닌 인간 김나윤을 보여주는 일도 물론 멋지다. 본업의 의미를 구태여 어렵게 정의할 필요는 없는 것 같다. 그저 내가 좋아하는 일, 나에게 의미 있는 일이라면 그게 나의 본업이 되는 거지 뭐. 앞으로의 내 모습이 그래서 더 기대된다. 물론 시간이 흐르면 더 이상 하지 않게 될 일들도 분명히 있을 것이다. 그래도 지금의 경험들이 모여 미래의 그 시간마저도 더 멋지게 만들어주지 않을까?

그러고 보니, 내가 헤어디자이너의 꿈을 꾸기 시작했던 것도 나의 타버린 머리카락을 케어하던 어느 디자이너가 멋져 보였기 때문이었다. 원래도 나는 무언가 멋있다는 생각이 들어야만 움직이는 사람이었던 게 분명하다.

여러분을 위한 유튜버 윤너스

유튜브를 시작하게 된 이유는 단순히 인기를 얻기 위해서가 아니다. 애초에 그렇게 가볍게 생각하고 시작한 일은 아니었다. 재활병원에 머무르던 시절, 우습게도 나의 가장 큰 걱정은 집에 돌아가 챙겨 먹을 끼니였다. 여느 스물여덟의 또래들이 목표를 세워 무언가에 도전할 때, 자신이 언제 행복하고 보람찬지 찾을 때, 질풍노도의 시기를 지나 안정적인 연애를 시작할 때, 누구보다 치열하게 살아갈 때 나는 매슬로의 5단계 욕구 중 최하위인 생리적 욕구에 머물고 있었다. 이곳을 나가면 당장 살아가기 위해 무엇을 어떻게 해야 할까. 고민이 시작되었다.

그래서 내가 재활병원에서 가장 먼저 한 일도 나와 같은 장애를 지닌 사람을 찾아 그들이 어떻게 일상을 살아가는지 살펴보는 것이었다. 나는 생각보다 빨리 난관에 부딪혔다. 인터넷 검색창에 '절단'을 검색하니 손가락이나 발가락처럼 하지 절단과 관련된 것들만 나오는 게 아닌가. 점점 마음이 조급해졌다. 나처럼 팔을 잃은 사람은 정말 아무도 없나? 어딘가에 있는데 내가 못 찾는 걸까? 아니면 정말 이 세상에 나만? 이런저런 생각이 몰려올 때면 마치 무인도에 혼자 고립된 것처럼 외로웠다. 온 우주에 나 혼자 남은 것처럼. 물론 곁에는 가족도, 친구도 있었지만 나와 같은 아픔을 지닌 사람이 없다는 건 완전히 별개의 외로움이었다.

그러던 어느 날 선물처럼 유튜브에서 한 팔이 없는 외국인 서핑 선수의 이야기를 찾게 되었다. 그리고 그녀의 유튜브를 정독했다. 한 팔로 머리 묶는 방법, 옷 입는 방법, 밥 먹는 방법…. 그녀의 유튜브 콘텐츠들은 나에게 어린 시절 엄마가 그러했듯이 삶의 지침서가 되어주었다. 매일 밤 그녀의 개인 채널에서 두 번째 삶을 살아갈 방법들을 잔뜩 궁리했고 집으로 돌아가서 꾸릴 나의 일상을 계획했다. 그러다 보니 근본적인 물음이 다시 솟아올랐다. 왜 우리나라에는 팔을 잃은 절단 장애인들의 이야기가 공유되지 않을까? 인터넷을 아무리 찾아봐도 팔을 잃은 이는 나뿐이었다. 팔이 절단된 삶에 팁을 전수해 줄 누군가가 없다니 암담했다. 그때 어디선가 이런 소리가 들리는 듯했다.

"그럼 네가 해봐!"

지금 상황에서 누구라도 한 팔로 살아가는 모습을 공유하면 나와 같은 장애를 지닌 이들이 힘을 얻을 게 당연했다. 그뿐만 아니라 장애가 없는 이들에게도 동기부여가 되지 않을까 싶었다. '한 팔이 없는 저 사람도 저렇게 열심히 사는데, 나도 더 열심히 살아야지!' 하는 마음이 들지 않을까 싶었다. 빠르고 넓게 퍼지는 영상 콘텐츠의 매력은 이미 알고 있었다. 나를 좋게 봐준 MCN

회사 대표님이 유튜브 시작을 도와주었다. 그 덕분에 지금까지도 멈추지 않고 이것저것 다양한 영상을 올리고 있다. 물론 장애 인식 개선은 유튜브 세상뿐만 아니라 현실에서 더 중요하기에, 다방면으로 열심히 사는 중이다. 화면에 나오는 삶보다는 일상에서 만나는 사람들에게 비춰지는 나의 삶이 더 가치 있고 멋있게 보이기를 바란다.

유튜브 채널을 통해서는 주로 평소 자주 만날 수 없는 사람들을 만나 이야기를 나누거나 일상에서 시도해 볼 수 없는 다양한 도전을 즐기고 있다. 인터뷰나 브이로그, 약간의 발연기와 함께하는 상황극에도 도전하고 있다. 사실 처음 유튜브를 개설할 당시에는 장애인들과의 인터뷰는 진행하지 않으려고 했었다. 장애인과 비장애인이 자연스럽게 함께 어울려 사는 세상의 모습을 보여주고 싶었다. 그래서 내 채널에서는 장애인들과의 교류보다는 장애가 없는 사람들과의 교류를 통해 콘텐츠를 만들어야겠다고 생각했었다. 그런데 시간이 지나고 되돌아보니 내가 의식적으로 다른 장애에 관해서는 너무 담쌓고 지내는 것이 아닌가 싶었다. 장애라는 카테고리 안에서 함께인 사람들의 이야기가 궁금해지기 시작했다. 물론 이런 이야기를 그저 '감동적인 콘텐츠'로 소모하고 싶지는 않았다.

내가 어린 시절, 장애인을 불쌍한 사람이라고 인식했던 이유가 여기 있었기 때문이다. 가끔 마주하는 기부 관련 영상에서도 잔잔한 음악과 공감, 슬픔을 강요하는 내레이션이 흘러나왔다. 이런 방식이 어느새 하나의 전형이 된 느낌이었다. 그러고 싶지 않다면 어떤 식으로 인터뷰를 해볼 수 있을까? 고민 끝에 떠오른 방향은 운동하는 장애인들과 파트너 운동을 하는 거였다. 언뜻 생각했을 때 '운동'과 '장애인'이 어울리지 않는다고 생각할 수도 있겠지만 오히려 그래서 나에게는 아주 매력적인 콘텐츠였다.

이렇게 영상들을 올리다 보니 아주 기가 막힌 댓글들이 달릴 때가 있다. 『원피스』라는 일본 만화에 등장하는 인물들을 언급하는 댓글들이다. 전투로 한 팔을 잃지만 높은 자리까지 오르는 캐릭터나 눈이 안 보이는 캐릭터, 다리가 절단된 캐릭터들을 언급하며 우리를 신기한 시선으로 혹은 응원하는 눈빛으로 바라보는 구독자들이 등장한 거다. 그래서 요즘에는 이런 댓글을 인용해 썸네일을 만들기도 한다. '샹크스와 후지토라 합동 훈련!' 절단 장애인과 시각 장애인의 합동 훈련이라는 뜻이다. 이런 식의 유쾌한 콘텐츠 제작은 내게도 큰 원동력이 된다.

내 입으로 말하기는 조금 부끄럽지만 감사하게도 내가 가수 손담비를 닮았다는 댓글이 많이 달려 이를 활용해 만들어볼 수 있는 콘텐츠를 고민하다가, 마침 '한 손담비'라는 말장난이 떠올라 곧바로 제목을 지어 댄스 챌린지에 도전했던 적도 있다. 보는 사람보다 만드는 사람이 더 신나는 경험이었다.

의수에 관한 영상은 알고리즘을 타 무려 240만 뷰를 넘기기도 했다. 신선한 영상을 만들어보고 싶은 마음에 실제 상황을 콘텐츠로 풀어낸 것이었는데, 그 전략이

다방면으로 열심히 사는 중이다.

화면에 나오는 삶보다는

일상에서 만나는 사람들에게 비춰지는

나의 삶이 더 가치 있고 멋있게 보이기를 바란다.

잘 통한 것 같다.

웃지 못할 에피소드들까지 끌어모아 유튜브 콘텐츠로 녹여내기도 한다. 언젠가 프리랜서로 근무하고 있는 헬스 센터에서 회식을 하는 날이었다. 마침 모두 다이어트에 돌입하기 전이라 술도 간단히 마셨겠다, 흥이 올라 클럽에 가기로 했다. 클럽 입구의 직원이 신분증 검사를 하고는 출입 도장을 찍기 위해 왼손을 달라고 했다. 왼손이 없었던 나는 오른손에 도장을 찍어달라며 입구에서 한참 실랑이를 벌여야만 했다. 아마도 직원은 내게 왼손이 없는지는 상상조차 못 했을 거다. 이런 소소한 일상의 모든 사건이 내겐 콘텐츠가 되니 이제 콘텐츠 귀신이 다 된 걸까.

유튜브에서는 어떤 콘텐츠를 풀어내야 사람들이 더 좋아하고, 사람들에게 더 유용할까? 요즘 나의 가장 큰 고민거리다. 아무리 좋은 콘텐츠라도 누군가 봐주지 않는다면 말짱 도루묵이다. 언젠가는 지금보다 더 알찬 유튜브 채널을 만들어내 나중에 이 책을 읽으며 '그때는 이런 고민을 했었구나, 귀엽네!' 하고 넘길 수 있다면 좋겠다. 구독자 5만 명을 넘어가고 있는 이 시점에 책으로 나의 기록을 짧게나마 남길 수 있게 되어 앞으로 다가올 미래가 더 설레고 흥분된다. 미래의 어느 날 〈윤너스〉 채널을 구독하는 사람이 50만 명이 넘었을 때, 다시 한번 책을 쓰고 싶다.

성실한 일꾼으로 타고나다니!

출판사에서 함께 책을 내보자는 제안이 온 건 3년 전의 일이다. 학교에 다니고 있을 때라 한창 바쁘던 시기였다. 억지로라도 시간을 내면 글을 쓸 수 있을까? 괜히 욕심부렸다가 이도 저도 아니게 될까 봐 고민이 됐다. 그래서 기회가 될 때, 지금보다 더 여유 있는 상황에서 정성스레 나의 이야기를 써보자는 생각으로 미루고 미루었다. 시간이 흘러 체육학사를 졸업하면 여유가 생기겠다 싶었지만, 방송이며 운동이며 강연 준비며 해야 할 일은 좀처럼 줄어들지 않았다. 그래서 다시 고민했다. '조금 더 경험을 쌓고 유튜브도 키워서 10만 구독자를 달성하면 그때 쓸까?' 그때 내 안의 소리가 다시 들려왔다.

'너 원래 일 잘만 벌여왔잖아. 그냥 해! 일단 시작하면 또 잘할 거야!'

'Just do it!' 생각이 많아질 때 나는 늘 이 문장을 떠올린다. '뭐든 할 수 있을 때 하자!' 사실 책을 써보고 싶다는 생각은 어렸을 때부터 해왔다. 세월이 흐르면서 책을 내고 싶다는 막연한 버킷리스트가 점점 흐릿해지던 시점에, 상상만 해오던 일이 현실이 된 것이다. 이런 제안을 누군가 먼저 해준다면 꿈만 같아 뛸 듯이 기뻐할 줄 알았는데, 실상은 여전히 삶에 쫓겼다.

그럼에도 내가 용기 낼 수 있었던 이유는 개인의 이야기를 책으로 엮어내는 일이 이전보다는 자연스러운 흐름처럼 보였기 때문이다. 대단한 사람들만 책을 낼 수 있다고 생각했던 마음도 조금은 내려놓을 수 있었다. 책을 내보자고 제안해 준 출판사에 감사하며 너무 겁먹지 말자고, 나 정도면 책 낼 자격이 충분하다고 마음을 다

잡았다. 잘 살아내고 있으니 책을 출간해 보자는 제의도 온 거라고 생각하며 글을 쓰고 있다. 한 손으로 키보드를 두들기느라 어떨 때는 이러다 손가락이 가로로 길어지는 건 아닌가 싶은 기분도 들지만 그저 들뜬다.

물론 사고 이전 나의 첫 번째 인생도 지금 못지않게 바빴다. 미용 일을 처음 시작하던 열일곱 살에는 그저 꿈을 좇느라, 기술을 익히느라 바빴다. 롯드가 안 말려 혼난 날에는 모든 직원이 퇴근한 후 미용실 한구석에서 작은 전등에만 의지한 채 가발에 롯드 마는 연습을 했다. 마음처럼 되지 않을 때는 나를 향한 욕도 한 바가지 해가면서 가발에 꼬리빗을 계속 찍어댔다. 롯드가 잘되니 다음 단계로 매직기 다루는 연습을 했다. 그다음 단계는 커트. 그리고 실전 기술을 익히느라 공부와 멀어졌던 시기에는 다시 두피와 모발에 관한 책들을 읽으며 이론을 연마했다. 고객들 머리를 하도 감겨주다 보니 손은 샴푸 독으로 다 부르터 피가 터지도록 따가웠다. 그렇게 열심히 살지 않으면 미래에 내가 이곳에 없을 것만 같았다.

    길고 긴 인턴의 시간이 지나니 이번에는 기술 아닌 고민거리들이 생겼다. 한 명 한 명의 고객을 평생 내 사람으로 만들기 위해서는 대화 스킬뿐 아니라 됨됨이가 중요했다. 그중에서도 가장 중요한 건 고객을 대하는 친절이었다. 한때는 '미용사가 기술만 좋으면 됐지!'라는 철없는 생각도 했었지만 이건 아주 초보적인 생각이었다. 그래서 디자이너 시기에 나는 테크닉 공부보다는 대화법과 관련된 공부를 더 많이 했다. 관련된 책도 많이 읽었다. 사람을 설득하고 기분 좋게 만들기 위해서는 무엇이 필요할까? 예전에는 디자이너가 겉모습만 잘 꾸미면 다 되는 줄 알았다. 그런데 실상 디자이너는 내면이 더 중요했다. 대화법에 관한 책을 50권 넘게 찾아 정독한 결과 모든 책에서 공통적으로 가장 중요하다고 말하는 건 진심 어린 태도였다.

    한때 근무하던 직장의 원장님이 아프시며 직원들의 월급이 밀리는 상황이 생긴 적도 있었다. 그때는 내가 기술을 배울 수 있도록 지원해 주신 원장님을 고작 월급 몇 번 밀렸다고 떠날 수 없다는 생각이 강했다. 훗날 내가 원장이 되었을 때 어려운 상황에서도 함께 일해줄 직원들이 있다면 정말 좋겠다는 생각을 늘 해오던 터라 당시에는 원장님을 향한 의리가 중요하게 여겨졌다.

그래서 미용실 업무를 끝내면 생계유지 비용을 마련하기 위해 다른 직원들과 함께 근처 식당에서 아르바이트를 했다. 그렇게 24시간을 갈아 이십 대 초반을 보냈다. 그럼에도 사정은 나아지지 않았다. 나 또한 더 이상 버틸 수 없는 상황이 되어 결국 이직을 택할 수밖에 없었다. 그래도 나름 할 만큼 했다고 생각하니 떠나는 마음이 한결 편안했다.

새로운 미용실로 이직하던 때를 생각하면 여전히 떨린다. 경력이 짧지 않았지만, 한곳에서 오래 일했기 때문에 더 그랬던 것 같다. 그렇게 이직한 곳에서 일하면서는 인문학 공부를 시작했다. 당시 이직한 미용실에서 받았던 리더십 교육과 심리 상담을 해온 엄마의 영향인

지도 모르겠다. 직원이 많은 매장으로 오다 보니 나의 메인 인턴들도 키워내야 했고, 함께 일하는 사람들과도 부딪치지 않고 일해야 했다. 물론 거의 매일 12시간을 함께 붙어 있는데 어떻게 늘 즐겁기만 할까. 게다가 욕심 많은 나는 매출도 더 내고 싶었다. 그래서 혹시나 도움이 될까 하는 마음으로 퇴근하고 집에 돌아와 늘 인문학 강의를 들었다. 지금 생각해 보면 이때의 공부 습관이 사고 이후에도 이어진 것 같다. 미용실에서 점장으로 근무할 때도 퇴근 후, 사회복지사 자격증을 따기 위해 강의를 듣곤 했으니까.

그렇게 여러모로 고군분투하던 시기에 체육 관련 학문을 접하게 되었다. 인체 구조에 대한 이해 없이 혼자 운동하는 게 영 위험하다는 생각에 체육학사 과정을 취득하기 위해 늦었지만 대학교에 편입했다. 물론 학교생활만 할 수 없는 경제 상황이라 일과 공부를 병행하면서 생활체육 자격증도 땄다. 오전에는 학교에 갔다가, 오후에는 배드민턴 훈련을 가고, 저녁에는 트레이너 일까지 병행했다. 그러고도 남는 시간에는 방송 일과 강연을 했다. 정말 하루 24시간이 부족했다.

한번은 한 회원이 내게 왜 이렇게까지 열심히 사느냐고 물었다. 그제야 '내가 열심히 살고 있나?' 하는 생각이 들었다. 나는 해보고 싶은 것들이 너무나 많다. 그런 호기심에 더하여 무언가 시작할 때는 책임감을 가지고 전문성을 겸비하여 깊이 있게 진행하고 싶은 욕심도 있다.

회원들의 몸 상태를 확인해 가며 그들의 니즈에 맞게 운동을 가르쳐주려면 여전히 많은 공부가 필요했고, 나의 몸 상태도 더 좋아지려면 성실하게 운동하면서 몸에 관해서도 배워야 했다. 유튜브도 시작했으니 채널의 성장을 위해 어떤 것들이 필요한지 상의하며 끊임없이 탐구해야 하는 게 맞았다.

유튜브를 통해 영상에 자주 노출되다 보니 평소 부족한 나의 모습을 발견할 수 있어서 조금은 민망하기도 했지만, 이런 부분들도 교정해 갈 수 있다는 게 그저 좋았다. 게스트들과 이야기할 때 사용하는 나의 대화법,

내가 짓는 표정, 습관적인 제스처나 추임새 같은 것들을 모니터링하며 점점 더 나아지는 모습이 마음에 들었다. 단순히 나의 부족한 모습을 봐야 하는 상황이 싫다기보다는 그런 모습을 바꿀 기회가 주어져 감사했다.

요즘에는 장황하게 말하는 습관을 고치려고 노력 중이다. 모든 대화에서 내 의견을 짧고 명확하게 전달하기 위해 노력한다. 특히나 강연자로서 많은 청중 앞에 서야 할 때는 더 많이 노력을 들인다. 나는 원고를 토시 하나 빠뜨리지 않고 달달 외우는 편인데, 강연 초기의 어떤 사건 때문에 생긴 철칙이다. 당시 강연의 큰 주제와 흐름만 숙지하고 나 자신을 믿은 채로 편안히 강단에 섰다가 다음 전달할 이야기가 떠오르지 않아 아찔했던 일이 있었다. 순간 1초가 10분같이 길게 느껴졌고, 조용한 강연장의 짧은 정적에 숨이 막혔다. 온몸의 땀구멍이 모두 열려버린 느낌이었다. 그 일이 있고 난 후부터는 무조건 모든 원고를 달달 외워서 강연을 준비한다. 톡 치면 툭 하고 나오도록.

내면과 외면을 함께 가꾸려면 열심히 사는 수밖에 없다. 어쩌면 당연한 일이다. 그래서 나의 24시간은 언제나 부족하다. 누구보다 알차게 하루를 보내고 다음을 기약하는 것. 이런 삶의 태도를 쌓아 앞으로의 내 삶 또한 만들어가고 싶다.

가끔 자문자답도 합니다

 이제 삼십 대를 지나는 나는 장기적인 계획보다 단기적인 계획을 많이 세우며 살아간다. 예전에는 내가 세운 계획이 틀어질 때마다 큰 스트레스를 받던 시절도 있었지만, 이제는 안다. 아무리 치밀한 계획이라도 언제든 틀어질 수 있다는 사실을. 몸도 생각도 많이 바뀐 지금은 미래보다 현재에 힘을 쏟는 것이 중요하다고 생각하며 산다.

 장기적인 계획을 세우는 대신 요즘 내가 빠진 루틴이 하나 있다. 나에게 끊임없는 질문을 던지고 나만의 답을 내려보는 거다. 내가 주도적으로 삶의 방향을 설정하기 위해 나에게 자주 던지는 질문들을 정리해 보았다. 일종의 자문자답 인터뷰 놀이처럼 생각하면 나름 재미있다.

첫 번째 질문. 지금의 나는 스스로 성장했을까, 타인의 도움으로 성장했을까?

사람은 결코 혼자 살 수 없다. 처음 피트니스 대회에 도전할 때, 혼자였다면 과연 내가 그 대회를 완주할 수 있었을까? 운동을 지도해 준 박사님, 매일 밤 탄천을 함께 뛰어준 친구들, 어처구니없는 나의 식단마저 맞춰준 가족들…. 수많은 타인의 도움을 받았다. 전문적으로 운동하고 있는 지금도 장애로 인한 핸디캡에 관해 고민하는 불안한 마음을 늘 함께 다스려주는 동료들 덕분에 버틸 수 있다. 그러는 동안 운동은 내게 건강을 목적으로 하는 것 이상으로 큰 목표 중 하나가 되었다. 여전히 내 곁의 사람들과 교류하면서 나의 뾰족한 부분은 다듬어지고 있고, 우리는 서로 도우며 성장하고 있다.

두 번째 질문. 내가 살아 있다는 걸 느끼는 순간은 언제일까?

장애를 얻기 전에도, 후에도 나는 누군가의 성장에 조금이라도 도움을 줬을 때 보람을 느낀다. 프리랜서 트레이너로 근무하고 있는 지금도 늘 걱정하는 부분은 똑같다.

'운동할 때 무게 보조를 해주지 못하면 어쩌지?'

'한 팔이 없는 트레이너라고 싫어하면 어쩌지?'

걱정이 꼬리를 물고 이어지니 요즘에는 수업하면서 그들에게 직접 확인하는 방법을 쓴다. 혹시 한 팔이 없는 트레이너라서 불안하거나 불편했던 적이 있었는지. 그럴 때마다 돌아오는 답은 늘 나를 울린다. 오히려 자신이 의지박약이라서 한 팔만으로도 멋진 몸을 만들어낸 선생님에게 운동 지도를 받으면 얼마나 고되게 운동하게 될지 걱정했다, 몇 년 동안 병원 약을 먹었는데도 낫지 않던 척수염이 선생님과 운동 후에 정말 많이 좋아졌는데 무슨 말이냐. 그런 말을 들을 때마다 가슴이 두근거린다. 내가 누군가에게 꼭 필요한 존재라고 인식될 때, 그럴 때 나는 내가 살아 있음을 느낀다.

세 번째 질문. 성공의 기준은 나의 기준일까? 사회의 기준일까?

꼭 트로피를 들어야만, 1등이 되어야만 성공한 건 아니다. 세상 사람들의 기준이나 조건에 미치지 못한다 해도 자신만의 기준을 세우고 충실히 살아가는 데서 만족감을 얻는 사람만이 진짜 성공의 맛을 볼 수 있다.

장애인 배드민턴을 시작한 지 얼마 되지 않았던 시절, 체전에서 동메달을 거머쥔 적이 있다. 이건 성공일까? 많은 사람이 성공이라고 생각할지도 모르겠지만 당시 나의 기준에서는 성공이 아니었다. 오만하고 건방진 이야기를 하려는 건 아니다. 다만, 부전승으로 올라간 덕에 쉽게 상을 거머쥐었다는 생각이 들어 동메달을 따며 느낀 희열은 그리 크지 않았다. 고군분투하며 치열하게 얻어낸 메달 같지 않았다. 그래서 동메달을 목에 걸었을 때, 그다지 뿌듯하거나 스스로가 대견한 기분이 들지도 않았다. 오히려 작년 피트니스 대회에 출전해서 거머쥔 4등이 더 행복했다. 그간의 노력으로 체력적인 부분과 외형적인 부분 모두 이전보다 나아졌다고 생각했기 때문에 4등임에도 뛸 듯이 기뻤다. 성공에 대한 나의 기준은 아마도 나의 성장인가 보다.

네 번째 질문. 진짜 어른이란 무엇일까?

어린 시절에는 막연하게 미래의 내가 지금보다 멋진 사람이 되어 있을 것만 같았다. 멋진 집, 차, 옷…. 지금 생각해 보면 '멋지다'라는 아우라는 외면보다는 내면에서 느껴지는데 말이다. 뭐든 여유 있는 사람은 어른스럽게 느껴진다. 늘 주변 사람들의 마음을 살피는 여유로운 사람, 어려운 일이 닥쳤을 때 도망치지 않고 직면하는 사람이 멋있어 보인다.

분명 이전의 삶과는 다를 테지만 장애를 받아들이고

기깔나게 적응해 가는 삶도 딱 이전만큼이나 행복할 거다.

그리고 요즘에는 동기부여 강연자로 단상에 선 내 모습을 보면, 나 또한 내가 생각하는 어른의 모습에 한 발짝씩 가까워지는 듯해 신이 난다. 강연 내용은 청중들을 위한 것이지만 그 내용을 가장 먼저 듣게 되는 건 나다. 내 강연을 내가 들으면서 그간의 모습을 되짚어 보고 스스로에게 동기를 부여하기도 하는 것이다.

마지막 질문. 나는 나와 누구를 자꾸 비교하는 걸까?

방송에서 내 이야기를 할 기회가 많아지면서 요즘은 말 잘하는 이들과 나를 끊임없이 비교하는 것 같다. 저 사람은 어떻게 저렇게 재치 있게 말을 잘하지? 어떻게 저런 편안한 모습으로 진행을 이어나가지? 나는 어떨까?

한 번 남과 나를 비교하기 시작하면 끝도 없다. 수렁에 빠질 뻔한 나를 구해낸 건 함께하는 방송 작가님이었다. 그녀는 내가 말을 유창하게 하든 아니든 상관없이 나에게서만 느껴지는 당당함이 있다고 했다. 그 말을 듣자마자 헤어디자이너 일을 하면서 읽었던 여러 대화법 책이 떠올랐다. 진심 어린 마음은 말을 이긴다. 이전에는 한 사람만 상대하는 대화를 주로 했다면 지금은 다수에게 내 이야기를 하는 방식이라 간과했던 진리였다. 내 모습 그대로를 인정하는 것. 매번 되새겨야 할 삶의 태도다.

요즘 나는 이런 질문들을 던지며 살아간다. 내가 정말 원하는 삶이 무엇인지 치열하게 찾는 중이다. 한창 예쁠 꽃 같은 나이에 한 팔이 절단되어 중도 장애인이 된 나. 분명 이전의 삶과는 다를 테지만 장애를 받아들이고 기깔나게 적응해 가는 삶도 딱 이전만큼이나 행복할 거다. 두 팔일 때보다 한 팔일 때 더 많은 사람을 안아줄 수 있는 내가 된 것처럼.

살아 있음에 감사해

강연에서든 개인 채널에서든 내가 늘 강조하는 것이 '아름다움'이다. 단순히 외면의 아름다움을 뜻하는 건 아니다. 물론 사고 이전 헤어디자이너로 근무하던 나는 보이는 모습에 신경을 많이 쓰던 사람이었다. 유니폼을 입지 않아도 되는 매장에서는 힐을 신어서 다리가 길어 보이도록 유난히 애썼다. 지금 생각해 보면 머리를 만지는 디자이너에게 키가 뭐 그리 중요했을까 싶다. 오히려 오랫동안 선 채로 근무해야 하는 환경과는 맞지 않는 차림새였다. 심지어 힐을 신어 키가 너무 커져 고객의 머리가 항상 가슴팍 정도 높이에 왔기 때문에 구부정한 자세로 머리를 만져야만 했다. 그런데도 나는 좀처럼 힐에서 내려오려고 하지 않았다. 해진 저녁에나 버티고 버티는 사이 마비된 발가락들이 느껴지면 낮은 굽으로 갈아타곤 했다.

다리 길이만 중요했을까. 얼굴에도 힘을 많이 줬다. 짙은 화장은 물론이거니와 머리에는 어렸을 때부터 안 해본 염색이 없다. 탈색으로 매번 색을 바꾸기도 하고 긴 머리를 훅 자르기도 하며 나를 찾아오는 고객들에게 극적인 스타일 변화를 보여주기도 했었다. 그때는 그게 프로다운 모습이라고 생각했다. 물론 경력이 차면서는 외면보다 중요하게 생각하는 다른 것들이 생겼지만 말이다. 돌이켜 보면 스무 살이라는 어린 나이에 디자이너라는 직함을 달았던 게 내가 지나치게 외면 꾸미기에 집착했던 이유가 아니었을까 싶다. 나이를 숨기고 프로답게 보이려 잔뜩 외관에만 힘썼던 거다. 나이답지 않은 높은 힐과 짙은 화장으로 누구에게 밉보이거나 무시당하지 않도록.

사고 이후, 외면의 아름다움에 대한 나의 정의는 언제 그랬냐는 듯이 바뀌었다. 다치기 전 나의 워너비 몸매는 모델처럼 쭉쭉 뻗은 깡마른 몸매였다. 한마디로 그런 몸매가 내 추구미였다. 다행히 엄마를 닮은 나의 팔다리는 늘 가늘었지만 나는 그래도 더, 늘 조금 더 가는 팔다리를 갖고 싶었다. 그리고 사고가 난 뒤, 나는 드디어 꿈에 그리던 11자 다리를 갖게 되었다. 팔이 절단되고 척추뼈가 13개나 골절되어 병원 침대에 석 달간 누워 있으면서 비로소 젓가락처럼 뻗은 마른 다리가 된 것이다. 허벅지 근력이 없어 변기에도 혼자 앉지 못하던 시절, 그때 이후 나는 더 이상 11자 다리를 미의 기준으로 삼지 않는다. 지금은 그저 탄력 있고 튼실한 허벅지가 나의 추구미다.

손바닥 뒤집듯 달라진 외면의 아름다움에 대한 기준. 내면과 달리 외면의 아름다움이란 이렇듯 상황과 개인의 경험치에 따라 속절없이 달라지기 마련이다. 그래서 내가 그토록 강조하는 아름다움도 외면이 아닌 내면의 것이다. 내가 생각하는 진짜 아름다움은 눈에 보이지 않는다. 내면의 성숙이 곧 아름다움이지만 이건 정말이지 눈여겨보지 않는 한 한눈에 알아보기 어렵다. 어릴 때 본 다큐에서 나이 지긋한 어느 할머니를 아름답다고 표현한 이유를 이제야 이해할 수 있게 되었다. 오랜 삶을 통해 단련된 통찰력, 다양한 경험을 통해 얻게 된 노하우. 그런 것들도 외면의 아름다움 못지않은 빛을 뿜어낸다.

한 팔을 잃은 나에게도 이런 반짝이는 아름다움이 있다. 지금의 내 삶을 비관하지 않으면서 오히려 더 많은 사람을 품에 안아줄 수 있는 성숙한 아름다움. 사고 이후 오랫동안 이런 내면의 아름다움을 가꾸기 위해 노력해 왔다. 그런 삶이 가능하긴 한 거냐고, 팔을 잃었는데 어떻게 남을 안아줄 수 있겠느냐며 비아냥거리는 사람도 있을 테지만, 분명 나에게는 잃어버린 팔만큼이나 넓어진 시야와 마음의 그릇이 있다.

그렇다고 외면의 아름다움을 가꾸는 게 나쁘다는 말

한 팔을 잃은 나에게도

이런 반짝이는 아름다움이 있다.

지금의 내 삶을 비관하지 않으면서

오히려 더 많은 사람을 품에 안아줄 수 있는

성숙한 아름다움.

은 아니다. 피트니스 선수로, 트레이너로 일하며 운동하는 업을 지닌 사람으로서 외면의 아름다움을 가꾸는 일도 분명 의미 있고 필요하다. 다만, 외면이든 내면이든 내가 강조하는 건, 아름다움의 기준은 언제나 남이 아닌 나여야만 한다는 말이다. 타인의 기준이나 평가가 나를 뒤흔들 때 내 기준으로 세상을 바라보기 위해서는 부단한 노력이 필요하다는 사실을 나는 사고 이후에야 알게 되었다. 외면의 아름다움도, 내면의 아름다움도 결국 피나는 노력으로 가꿔진다.

원래 팔이 없었다는 설, 전쟁 중에 팔이 소실되었다는 설…. 유명한 만큼 비너스상의 잘려 나간 팔에 관해서는 다양한 이야기가 떠돈다. 그러나 어떤 이야기가 사실이든 우리는 밀로의 비너스상이 아름답다고 느낀다. 팔이 없는 이유야 뭐가 되었든 밀로의 비너스상은 있는 그대로 아름다운 조각상일 뿐이다. 그러니 나도 한 팔을 잃은 이유야 뭐가 되었든 살아 있는 그 자체로 아름다운 사람이 아닐까. 한술 더 떠서 나는 조각상에는 없는 내면의 모습까지도 아름답게 가꿀 수 있으니 더 그럴 것이다. 그러니 이 글을 읽고 있는 많은 사람에게도 말해주고 싶다. 당신이 어떤 모습이든 살아 있는 그 자체로 아름답다고.

에필로그

우리는 생각보다 더 강하다고

친구들로부터 사고 나던 때의 이야기를 처음 들었던 날이 떠오른다. 평소 터프한 사람이기는 하지만 입에 욕을 달고 사는 사람은 아닌데, 내가 구급차에 타자마자 계속해서 욕지거리를 쏟아냈다는 게 아닌가! 엄마의 이야기와도 일맥상통했다. 정신이 까마득한 와중에도 계속해서 욕을 내뱉고 있었을 나를 생각하니 그만 아찔해졌다.

"사람들이 나 제정신 아니라고 했겠다. 엄청 시끄러웠겠네…."

친구들이 킥킥댔다.

"병원에 있던 사람들이 너 술 취한 사람인 줄 알았대."

그때 한 친구가 차분한 말투로 다시 말을 이어갔다.

"근데 그래서 난 네가 살 줄 알았어. 기어코 이겨낼 줄 알았어."

끊임없이 욕을 내뱉으며 발버둥 치는 내 모습에 친구는 안도했다고 한다. '됐다, 살았다 나윤이.' 마음으로 외쳤다고 한다. 동맥이 지나는 왼쪽 팔이 절단된 터라 나의 생사를 확신하기 힘들다는 말을 들었을 때도 나는 살 거라고 굳게 믿었다고 한다.

이후로도 나를 지켜봐 준 친구들이 안도했던 순간은 여럿 있었다. 처음 걷기 연습을 하러 나가던 날 한 세월이 걸려 옷을 입는 내가 답답해 "도와줘?"라고 물으니 이런 답이 돌아왔을 때.

"아니, 내가 할게."

앙다문 입으로 지퍼를 채우는 나를 볼 때마다 남몰래 안도의 숨을 내뱉었다고 한다.

이런 이야기를 하다 보면 흔히 받게 되는 오해가 있다. 나만이 유달리 강한 사람이라 인생도 잘 풀린 것 아닐까 하는 오해.

"점장님은 어떻게 사고가 나신 거예요?"

사고 후 미용실에 복귀했을 때 종종 조심스러운 질문을 던지는 이들이 있었다. 나를 처음 보는 인턴들에게서 이런 질문이 많이 나왔다. 그들에게 나의 사고 이야기를 쭈욱 읊어주면, 점점 눈이 동그래지더니 할 말을 잃은 얼굴을 하고서는 자신이었다면 절대 나처럼 회복하지 못했을 것 같다고 말해왔다. 살았으니 살아가겠지만 여전히 깊은 좌절 속에서 헤매고 있을 것 같다고 했다. 누군가는 자신이 디자이너로 일하던 미용실로 복귀할 결심은 절대 하지 못했을 거라고도 했다.

그러나 나라고 좌절하지 않았던 건 아니다. 좌절은 수도 없이 했고, 지금도 한 팔을 잃었다는 허망함은 여전히 계속되고 있다. 나만이 특별했기에 사고 이후의 모든 과정을 지날 수 있었던 건 아니다. 오늘을 살아내고 있는 모두는 각자의 이유로 대단하다. 저마다가 짊어진 고통과 아픔이 있기에.

사고 이후 나에게 생겨난 묘한 믿음이 하나 있는데, 그건 누구에게나 어려운 일을 이겨낼 힘이 있다는 것이다. 정말 그렇게 생각한다. 다른 사람들보다 내가 특별히 도전 정신이 투철하다거나 멘탈이 강하다고 생각하지 않는다. 우리는 모두 일상을 살아가며 매일 크고 작은 좌절을 경험한다. 내 인생도 마찬가지다. 내 인생의 좌절은 오토바이 사고 때만이 아니었다. 두 팔이 멀쩡하던 시기, 미용실에서 고군분투하며 좌절하고 기뻐하던 때도 분명 존재한다. 오토바이 사고가 나던 날은 그저 내가 살아온 수많은 날 중 하루였다.

그러니 일상의 크고 작은 시련과 기쁨을 맛보며 살아가는 모두에게 힘은 충분하다. 그래서 책을 마무리 짓는 시점에는 꼭 이 이야기를 하고 싶었다. 우리는 생각보다 더 강하다. 그 사실을 모두가 기억하면 좋겠다.

2025년 여름 두 번째 일곱 살을 맞이한 김나윤

윤너스 김나윤 에세이

나는 한 팔을 잃은 비너스입니다

초판 1쇄 인쇄 2025년 7월 23일
초판 1쇄 발행 2025년 8월 8일

지은이 김나윤
펴낸이 김선식

부사장 김은영
콘텐츠사업본부장 박현미
기획편집 백지윤 **디자인** 황정민 **책임마케터** 박태준
콘텐츠사업4팀장 임소연 **콘텐츠사업4팀** 황정민, 박윤아, 옥다애, 백지윤
마케팅1팀 박태준, 권오권, 오서영, 문서희
미디어홍보본부장 정명찬
브랜드홍보팀 오수미, 서가을, 김은지, 이소영, 박장미, 박주현
채널홍보팀 김민정, 정세림, 고나연, 변승주, 홍수경
영상홍보팀 이수인, 염아라, 김혜원, 이지연
편집관리팀 조세현, 김호주, 백설희 **저작권팀** 성민경, 이슬, 윤제희
재무관리팀 하미선, 임혜정, 이슬기, 김주영, 오지수
인사총무팀 강미숙, 이정환, 김혜진, 황종원
제작관리팀 이소현, 김소영, 김진경, 이지우, 황인우
물류관리팀 김형기, 김선진, 주정훈, 양문현, 채원석, 박재연, 이준희, 이민운

펴낸곳 다산북스 **출판등록** 2005년 12월 23일 제313-2005-00277호
주소 경기도 파주시 회동길 490 다산북스 파주사옥 3층
전화 02-702-1724 **팩스** 02-703-2219 **이메일** dasanbooks@dasanbooks.com
홈페이지 www.dasanbooks.com **블로그** blog.naver.com/dasan_books
용지 스마일몬스터 **인쇄 및 제본** 한영문화사

ISBN 979-11-306-6888-8 (03810)

• 책값은 뒤표지에 있습니다.
• 파본은 구입하신 서점에서 교환해드립니다.
• 이 책은 저작권법에 의하여 보호를 받는 저작물이므로 무단 전재와 복제를 금합니다.

다산북스(DASANBOOKS)는 책에 관한 독자 여러분의 아이디어와 원고를 기쁜 마음으로 기다리고 있습니다.
출간을 원하는 분은 다산북스 홈페이지 '원고 투고' 항목에 출간 기획서와 원고 샘플 등을 보내주세요.
머뭇거리지 말고 문을 두드리세요.